中央党校（国家行政学院）马克思主义经典著作研读系列丛书

总主编·李海青

《1844年经济学哲学手稿》导读

1844NIAN JINGJIXUE ZHEXUE SHOUGAO DAODU

王虎学 著

中共中央党校出版社

图书在版编目（CIP）数据

《1844年经济学哲学手稿》导读/王虎学著.--2版.--北京：中共中央党校出版社，2023.11
ISBN 978-7-5035-7443-6

Ⅰ.①1… Ⅱ.①王… Ⅲ.①《1844年经济学哲学手稿》—马克思著作研究 Ⅳ.①A811.21

中国国家版本馆CIP数据核字（2023）第186578号

《1844年经济学哲学手稿》导读

责任编辑	任　典
责任印制	陈梦楠
责任校对	王明明
出版发行	中共中央党校出版社
地　　址	北京市海淀区长春桥路6号
电　　话	（010）68922815（总编室）　（010）68922233（发行部）
传　　真	（010）68922814
经　　销	全国新华书店
印　　刷	北京盛通印刷股份有限公司
开　　本	710毫米×1000毫米 1/16
字　　数	123千字
印　　张	11.25
版　　次	2023年11月第2版　2023年11月第1次印刷
定　　价	35.00元

微信ID：中共中央党校出版社　　　邮　箱：zydxcbs2018@163.com

版权所有·侵权必究

如有印装质量问题，请与本社发行部联系调换

中央党校（国家行政学院）马克思主义经典著作研读系列丛书

出版前言

中央党校思想库丛书·研读经典系列即将再版，说明该系列丛书还是受广大读者认可的。经典之为经典，就在于永恒的思想魅力，包括其提出的问题、思考问题的方式、解决问题的方法以及对于问题的深入探索。如果说马克思主义中国化时代化的最新成果是"潮头"，马克思主义的经典著作就是"源头"。只有认真研读"源头"，才有可能打通马克思主义道统的思想脉络，切实理解"潮头"。把握"源头"最有效、最根本的方式还是扎扎实实、原原本本地阅读原著，但马列主义经典著作卷帙浩繁，有的还颇为晦涩，对于广大读者尤其非专业读者而言要想原汁原味地体会、把握其中的思想还是具有一定难度。在这种情况下，阅读相关的导读不失为一条相对的捷径。当然，任何导读都不可能完完整整地呈现原著的内容，每个作者也都有自己的研究领域和研读视角，其理解也都受到自己研究水平和思维视野的限制，但一本较为系统、专业的导读还是可以让读者对经典著作的写作背景、基本内容与历史意义有一个大致的把握与了解，甚至在某一个或某几个点上形成深刻的印象。就此而言，经典著作的导读也发挥着非常重要的马克思主义大众化功能。有兴趣的读者或相关的研究者，可以通过导读再去深入研究原著。

在原著与导读的研读过程中，经常碰到的一个问题就是如何把原著的结论对应于现今的时代。毕竟原著写作于特定的时代，有些观点和论断带有很强的时代性，甚至某些原理性的论断也带有时代的烙印，这种情况下，我们如何对待这些观点与论断呢？根据我自己的体会，根本的一点还是要坚持我们党实事求是的思想路线：一切从实际出发，理论联系实际，实事求是，在实践中检验真理和发展真理。党的思想路线是我们党在长期革命、建设与改革进程中得出的宝贵经验总结，是党认识问题、分析问题、解决问题所遵循的最根本指导原则，是党制定政治路线、组织路线和各项方针政策的基础。党的思想路线实际上表明，不能预设任何理论的全部正确性、绝对科学性和完全真理性，任何的理论都需要放在现实实践中，针对一定阶段的社会主要矛盾和时代重大课题，以我们正在做的事情为中心，来进行应用、检验和发展。实际上，这也是马克思主义创始人始终明确强调的态度。纸上得来终觉浅，绝知此事要躬行。只有经过实践的应用、检验，理论的正确性与局限性才能得以明确，理论本身也才能得以创新发展。当然，这种应用、检验必须在深入把握具体实际的基础上，比如社会的生产力水平、生产关系结构、阶级阶层状况、人民群众的实际需求、社会的文化思想状况，等等。而这就需要做大量的、深入细致的调查研究工作。特别是，在理论应用于实践的过程中，还应建立有效的评价与反馈机制，这样有利于保证即使理论本身有局限或应用有失误，但不至于造成大的挫折与偏差，而这又与体制机制的健全完善高度相关了。就以上而言，要形成理论与实践的良性互动，并非易事，而是涉及思想认识与制度建设等多个方面。进而言之，党的思想路线不仅适用于马列经典著作，也适用于党的任何创新理论。归根结底，还是毛泽东在《反对本本主义》中指出的："我们需要'本本'，但是一定要纠正脱离实际情况的本本主义。"

"研读经典系列"再版之际，个人一点学习体会，也权作新的总前言！

李海青

2023年3月

中央党校思想库丛书·研读经典系列

总 序

通过不断学习马克思主义理论，特别是学习马克思主义经典原著，逐步认识到马克思主义的科学性、共产主义事业的崇高性、以人民为中心的价值性，做到"不忘初心、牢记使命"，是党员干部加强理论修养和党性修养的必由之路。领导干部要想弄清楚什么是马克思主义，要想真正做到不忘初心，就要聚精会神攻读原著，原汁原味体会原著。恩格斯谈到学习《资本论》时曾说："对于那些希望真正理解它的人来说，最重要的却正好是原著本身。""研究原著本身，不会让一些简述读物和别的第二手资料引入歧途。"读原著必须静心、专心，毛泽东同志曾深有体会地说，学习马列主义不能像看小说那样，一目十行，走马观花，而要一句句、一段段地认真思考，用心领会，要经常读、重点读，特别是马克思主义经典著作，要反复读。他自己读《共产党宣言》不下一百遍，感到每阅读一次，都有新的启发、新的收获。

习近平同志非常重视领导干部对马克思主义经典著作的学习与运用。把学习和研读马克思主义经典著作看作是深入理解、掌握马克思主义基本原理的前提条件和重要途径，是习近平同志的一贯主张。他郑重指出，时代在变化，社会在发展，但马克思主义基本原理依然是科学真理。尽管我们所处的时代同马克思所处的时代相比发生了巨大而深刻的变化，但从世界社会主义500年的大视野来看，我们依然处在马克思主义所指明的历史时代。因此，他多次强调，要"精读马克思主义经典的代表性著作，追本溯源，把握马克思主义基本原理"。

认真学习马克思主义理论，是我们做好一切工作的必备条件，也是领导干部必须掌握的工作制胜的看家本领。我们要立足时代特点，推进马克思主义时代化，更好地运用马克思主义的立场、观点、方法观察时代、解读时代、引领时代，真正搞懂面临的时代课题，深刻把握世界历史的脉络和走向，就必须从经典理论出发，立足我国实际，聆听人民心声，回应现实需要，深入总结实践，实现马克思主义基本原理同当代中国具体实际相结合，不断提高全党运用马克思主义分析和解决实际问题的能力，不断提高全党特别是领导干部的理论思维能力和思想政治水平，把科学思想理论转化为认识世界、改造世界的强大物质力量，坚持和发展新时代中国特色社会主义，为发展马克思主义作出中国的原创性贡献。

为了帮助党员干部更好地学习马克思主义经典原著，中央党校科研部资助出版了这套"中央党校思想库丛书·研读经典系列"。参与撰写的主要是中央党校的青年教师。这些教师多年来既坚持不懈地从事马克思主义经典著作研究，也承担着马克思主义经典著作的教学工作，专业理论水平较高，教学科研发展潜力很大。资助出版这套丛书，既有助于发挥中央党校国家高端智库特色和优势，有助于中央党校青年学者的成长、成才，同时也贯彻和体现了中央党校校委倡导的"用学术讲政治"原则。

中央党校科研部
2017年12月

中央党校思想库丛书·研读经典系列

总前言

认真研读经典　掌握看家本领

　　马克思主义是中国共产党的指导思想,马克思主义经典著作中所阐发的基本原理始终是指导中国革命、建设和改革的强大思想武器,始终是中国共产党人的宝贵精神财富。我们党的几代领导人都高度重视与反复强调学习经典著作。毛泽东同志不仅本人是学习马克思主义经典著作的典范,而且一贯大力倡导与推动党内马克思主义经典著作的学习,亲自选定领导干部的经典必读书目。邓小平同志在南方谈话中强调:"学马列要精,要管用的。"江泽民同志在1996年全国宣传部长会议上指出:"希望党的高级干部多读读《马克思恩格斯选集》、《列宁选集》、《毛泽东选集》和《邓小平文选》等马克思主义著作,熟悉和掌握马克思主义基本原理,善于运用马克思主义的立场、观点、方法分析实际情况、指导工作。"胡锦涛同志同样很重视领导干部对马克思主义经典著作的学习,多次要求各级领导干部必须认真研读邓小平同志著作、江泽民同志著作,同时要有计划地选读马列著作和毛泽东同志的著作。习近平同志也是一直重视领导干部对马克思主义经典著作的学习与运用。他在中央党校2011年春季学期第二批进修班开学典礼上讲话的主题，就是"领导干部要重视学习马克思主义经典著作"。在讲话中，他指出：马克思主义经典著作蕴含和集中体现着马克思主义基本原理，是马克思主义理论的本源和基础。只有认真学习马克思主义经典著作，系统掌握马克思主义基本原理，才能完整准确地理解中国特色社会主义理论体系，才能创造性地运用马克思主义立场观点方法去分析和解决我们面临的实际问题，不断把中国特色社会主义事业推向前进。马克思主义经典著作包含着经典作家所汲取的人类探索真理的丰富思想成果，体现着经典作家攀登科学理论高峰的不懈追求和艰辛历程。阅读经典著作，本身就是增长知识、开阔眼界、增加思想深度和训练思维方式的过程，就是培养高瞻远瞩的战略洞察力和脚踏实地的工作作风的过程，这必然会使我们在潜移默化中受到他们崇高风范和人格力量的熏陶，从而实现自己思想境界和道德情操的升华。在中央党校建校80周年庆祝大会暨2013年春季学期开学典礼的重要讲话中，习近平总书记进一步强调：认真学习马克思主义理论，这是我们做好一切工作的看家本领，也是领导干部必须普遍掌握的工作制胜的看家本领。

中央党校是我们党学习、研究、宣传马克思主义的重要阵地，具有马克思主义经典著作学习研究的光荣传统和深厚积淀。为了帮助党员干部和其他各领域的学习者、研究者更好理解、掌握马克思主义经典著作中蕴含的基本观点、基本原理与基本方法，由我牵头，组织中央党校的部分教师撰写、出版了这套"研读经典系列"。这些教师全部具有博士学位，大多是教授和副教授，在校读书期间一直从事马克思主义经典著作的研究，在中央党校工作期间大都也一直从事马克思主义经典著作的教学，具有较高的专业素养和理论水平。这套"研读经典系列"共有16本，具体包括：李海青所著《〈共产党宣言〉导读》、王虎学所著《〈1844年经济学哲学手稿〉导读》、赵培所著《列宁晚年著作导读》、焦佩锋所著《〈《政治经济学批判》序言〉导读》、崔丽华所著《〈实践论〉〈矛盾论〉导读》、王巍所著《〈德意志意识形态〉导读》、唐爱军所著《〈黑格尔法哲学批判〉导读》、韩晓青所著《〈新民主主义论〉导读》、邓莉所著《恩格斯晚年关于历史唯物主义的书信导读》、孙海洋所著《〈路德维希·费尔巴哈和德国古典哲学的终结〉导读》、袁辉所著《〈资本论〉导读》、徐浩然所著《关于中国革命的四篇经典文献导读》、李双套所著《〈哥达纲领批判〉导读》、郑寰和潘丹所著《〈路易·波拿巴的雾月十八日〉导读》、王乐所著《〈反杜林论〉导读》、王巍所著《〈社会主义从空想到科学的发展〉导读》。这套"研读经典系列"的出版也得到了中央党校科研部的大力支持，被列入了"中央党校思想库丛书"，在此谨致谢意。

马克思主义经典著作博大精深，由于各位作者研究水平所限，这套"研读经典系列"肯定存在这样那样的问题与不足，敬请各位读者批评指正！

李海青

2017年12月

目录

引　言　/ 001

一　《1844年经济学哲学手稿》的写作动因与出版简况　/ 001

　　（一）写作动因　/ 005

　　（二）出版简况　/ 018

二　《1844年经济学哲学手稿》的主要内容与基本观点　/ 023

　　（一）内容结构　/ 025

　　（二）核心思想　/ 030

　　（三）若干重要观点　/ 085

三 《1844年经济学哲学手稿》的历史地位与现实
　　启示 / 097

　　（一）历史地位 / 099

　　（二）现实启示 / 115

附　录　1844年经济学哲学手稿（节选） / 123

后　记 / 153

引言

《1844年经济学哲学手稿》(以下简称《手稿》)是马克思的一部早期文稿,也是马克思主义形成起点上的一部代表性著作。《手稿》包含着马克思主义的三个组成部分,即哲学、政治经济学和共产主义学说的胚胎和萌芽,堪称马克思主义学说的"真正诞生地和秘密"。在这部《手稿》中,马克思第一次把哲学、政治经济学和共产主义学说作为一个有机统一的整体进行了综合论证和阐述。从这个意义上讲,《手稿》可以被视为"马克思主义整体性"理论图景的经典范本,其所展示的正是"马克思主义整体性"这一理论形象的最初蓝图。

1844年4月至8月期间,当时年仅26岁的马克思在流亡巴黎时走上了政治经济学的研究道路并写下了大量的研究手稿。由于种种原因,这些手稿未能在马克思生前公开问世,马克思本人也并没有给这些手稿一个总标题。后人将这些形式上残缺不全的、片段性的手稿加以编辑整理后出版,并以写作时间而取名为《1844年经济学哲学手稿》。由于写于巴黎,这部手稿通常也被称为《巴黎手稿》,又因为这部《1844年经济学哲学手稿》被理论界经常广泛地讨论和引用,因此,有时我们便直接称其为《手稿》。尽管《手稿》在马克思生前并没有发表,但这种时间上的延误并没有使《手稿》在历史的洪流中褪色进而淡出人们的视野,因为《手稿》内在蕴含的思想穿透力极其强大,谁也无法阻挡其绽放出自身的思想魅力。1932年,当《手稿》的德文版首次公开出版之后,随即引发了一场在世界范围内旷日持久的"手稿热"。在我国,理论界对于《手稿》的翻译、介绍始于新中国成立后,但直到党的十一届三中全会以后,随着中国社会和中国学术日益走上正常轨道,对《手稿》的研究才迎来了它的春天。

众所周知,马克思一生写下了大量的著作、文章、书信、笔记等,在其卷帙浩繁的文本群中,一些是完成了的,一些是未完成的;一些是发表了的,一些是未发表的。从其存在形态来看,《手稿》是一部在马克思生前既没有完成又没有公开发表的作品。在整个马克思主义发展史上,《手稿》可能是马克思的文本中最具传奇色彩的一部。为什么这么说呢?因为这部《手稿》一经问世,各种争论便纷至沓来、经久不息。事实上,在人类思想史上,当一个伟大的思想家去世后,由于后人发现他生前没有发表的著作而引发思想争论,这是常有的事。但是,像马克思的《手稿》这样能够引发世界范围内广泛、持久、激烈的争论的著作却实属罕见。

习近平同志在中央党校2011年春季学期第二批进修班开学典礼上的讲话中指出,要深刻理解马克思主义的精神实质和思想精髓,浮光掠影不行,浅尝辄止不行,必须专心致志地读、原原本本地读、反反复复地读,通过细嚼慢咽去感悟马克思主义经典著作历久弥新的思想价值。因此,我们在读《手稿》时,应该时刻谨记"两个必须":第一,我们读的是马克思的书,必须想着中国的事,心中要有"中国问题"。第二，我们读的是170年前的著作，必须想着21世纪的事，心中牢记我们正在做的事情！现在，就让我们对照习近平总书记的要求来一起走进《手稿》、品读《手稿》吧！

《1844年经济学哲学手稿》的写作动因与出版简况

01

要弄清《手稿》的基本思想，就必须首先了解《手稿》的写作动因，而要弄清《手稿》的写作动因，就必须先了解马克思在写作《手稿》之前所达到的思想理论水平，否则，任何对《手稿》的评论都难免会出于自己的想当然，也难免会空泛、苍白。因此，在介绍《手稿》的写作动因之前，我们需要先对《手稿》写作前后的两个重要的时间节点进行一个基本框定：

第一，《手稿》写于"两个转变"彻底完成之后。在写作《手稿》的前夕，马克思在《德法年鉴》的创刊号上发表了两篇重要文章：一篇是《〈黑格尔法哲学批判〉导言》，这篇文章写于1843年底，人们所熟悉的许多格言式的著名论断也都出自这里，其中最有价值的内容便是明确提出了市民社会决定国家的重要思想。此外，这篇文章在关于宗教批判、政治批判与革命、德国的解放等问题的论述中十分鲜明地提出了人的解放的思想，并在人的解放的意义上阐述了无产阶级的历史地位和彻底的革命使命。另一篇则是《论犹太人问题》。这篇文章写于1843年秋，其中最深刻的思想是明确提出了"政治解放"和"人类解放"两者在性质上有着根本的不同。在马克思看来，"政治解放"是指资产阶级革命，而"人类解放"则是指把人类从一切社会压迫和政治压迫下解放出来的社会主义革命。实事求是地讲，马克思发表在《德法年鉴》上的上述两篇文章在整个马克思主义发展史上具有十分重要的价值和地位，在这里，马克思经历了早期思想发展历

一 《1844年经济学哲学手稿》的写作动因与出版简况

程中的一个重要"拐点"。法国著名哲学家奥古斯特·科尔纽曾这样评价道，马克思发表在《德法年鉴》上的两篇文章"是唯一具有不朽价值的一部分"①。关于这两篇文章，列宁也曾做出过明确论断，他曾称赞这两篇文章的发表标志着马克思思想发展演变过程中的一次重大转折。尽管列宁在世时并没有看到马克思的《手稿》，但是，在《卡尔·马克思（传略和马克思主义概述）》中，列宁曾写道："1842年，马克思在《莱茵报》（科隆）上发表了一些文章……从这些文章可以看出马克思开始从唯心主义转向唯物主义，从革命民主主义转向共产主义。1844年在巴黎出版了马克思和阿尔诺德·卢格主编的《德法年鉴》，上述的转变在这里彻底完成。"②列宁还指出："马克思在这个杂志所发表的论文中已作为一个革命家出现，主张'对现存的一切进行无情的批判'，尤其是'武器的批判'；他诉诸群众，诉诸无产阶级。"③在这两段话里，列宁已经十分清楚地表达了两层意思：首先，马克思的"两个转变"，即从唯心主义向唯物主义、从革命民主主义向共产主义的转变是从1842年开始，并在《德法年鉴》上的两篇文章中已经"彻底"完成；其次，马克思的"两个转变"并不是孤立的单独完成的，而是密不可分、同时完成的。言下之意，当马克思转向唯物主义的时候，并不是转向了一般意义上的唯物主义，而是转向了历史唯物主义。为什么这样说呢？因为历史观上的唯物主义转向与政治观上的共产主义转向，或者说转向唯物主义历史观和转向共产主义

---

① 〔法〕奥古斯特·科尔纽著，刘丕坤等译：《马克思恩格斯传》第1卷，生活·读书·新知三联书店1980年版，第560页。
② 《列宁全集》第26卷，人民出版社1988年版，第83页。
③ 《列宁全集》第26卷，人民出版社1988年版，第49页。

的政治观不过是一个过程的两个方面而已。

第二,《手稿》写于新世界观即唯物史观诞生的前夜。1845年,距离马克思写作《手稿》不过一年的时间,马克思完成了标志着新世界观萌芽、诞生的两篇非常宝贵的文献:一篇是《关于费尔巴哈的提纲》,这是马克思继《手稿》之后写成的一份供进一步研究用的笔记,全文共十一条,不足1500字,但却包含着"新世界观的天才萌芽的第一个文件"。这篇著作简明扼要地阐明了马克思主义新世界观的基本要点,实践的观点是贯穿其全篇的一条红线。在此基础上,马克思提出了实践是认识的基础和检验真理的标准、全部社会生活在本质上是实践的以及人的本质是一切社会关系的总和等重要观点。另一篇则是《德意志意识形态》,写于1845年秋至1846年5月,这是马克思和恩格斯全面系统地制定"新唯物主义"时期合作完成的一部重要著作,也是唯物史观诞生的标志性著作。在这部著作中,马克思和恩格斯通过批判以鲍威尔、费尔巴哈和施蒂纳为代表的青年黑格尔派,完成了对他们以前的哲学信仰的清算,进而系统地论证并阐发了他们的唯物主义历史观。根据马克思本人的论述,"通向唯物主义世界观的道路"[①]在他发表于《德法年鉴》上的两篇文章中就早已明确指出了。事实上,在此之后,新世界观的许多表述已经在《手稿》中以萌芽或胚胎的形式出现了,而这也正是马克思为什么能够在完成"两个转变"之后便通过《手稿》进而全面制定唯物史观的原因所在了。

总之,《手稿》是马克思在他的"两个转变"彻底完成之后、在新世界观诞生的前夜第一次试图从他刚刚获得的唯物主义和共产主义

---

① 《马克思恩格斯全集》第3卷,人民出版社1960年版,第261页。

一　《1844年经济学哲学手稿》的写作动因与出版简况

的立场出发，自觉对资产阶级经济学和资本主义经济制度进行批判性考察的最初研究成果，堪称马克思研究并批判政治经济学的开篇之作。

（一）写作动因

我们深知，政治经济学研究在整个马克思主义学说的形成与发展过程中意义重大。恩格斯曾明确指出，从某种意义上讲，马克思主义学说发端于政治经济学的研究。从时间上来看，马克思大概是从1843年10月到达巴黎之后开始他的政治经济学研究的。虽然是流亡巴黎，但这丝毫没有影响马克思对作为欧洲革命中心的巴黎发自内心的向往。当时，他满怀激情地说："到巴黎去吧，到这个古老的大学和新世界的新首府去吧！"[①]在到达巴黎之后，马克思积极参加了工人阶级的斗争并开始直接考察资本主义制度，特别是在研究法国革命史和批判黑格尔法哲学的过程中，马克思日益认识到研究政治经济学的重要。而正是在巴黎，马克思走上了他的政治经济学研究之路。关于这一点，马克思后来也曾明确表示："我在巴黎开始研究政治经济学"，后来移居布鲁塞尔，"在那里继续进行研究"[②]。问题是，马克思为什么要去研究政治经济学？他是在什么样的社会历史背景下写作《手稿》的呢？促使马克思写作《手稿》的最初动因到底是什么呢？从总体上看，关于《手稿》的写作动因，从大的社会历史背景和马克思本人思想发展的背景两个方面来看，可以概括为以下三个要点。具体如下：

---

① 《马克思恩格斯全集》第1卷，人民出版社1956年版，第415页。
② 《马克思恩格斯选集》第2卷，人民出版社1995年版，第32页。

1. 社会历史背景：理论和实践发展的双重需要

马克思主义扎根于西方文明的土壤，是欧洲思想史发展的产物。因此，理解马克思主义并从而理解《手稿》，首先就应当将其置于这样的大背景中进行历史性的考察。从社会历史背景来看，马克思写作《手稿》是基于理论和实践发展的双重需要。

第一，基于理论发展的需要。从总体上看，写作《手稿》时期的马克思面对的是由德国古典哲学、英国古典政治经济学、英法空想社会主义等构成的一个大的理论语境和思想背景。在这样一个大的背景下思考无产阶级解放乃至人类解放的问题时，马克思指出，作为具有世界历史意义的大事业的人类解放要取得最终胜利，离不开科学的世界观的指导，而现有理论却难以胜任，因此，必须通过理论创新实现理论自身发展进而满足事业发展的需要。在马克思看来，新的科学的世界观只有跳出传统的思辨哲学的窠臼才有可能产生，因此，既不能单独依靠"从黑格尔那里继承来的理论武器"[1]，也不能像青年黑格尔派那样仅仅停留在豪言壮语和抽象词句的革命口号上，而必须触及理论创新的源泉，即资本主义的现实和生活实践。对于马克思来说，要创立新的哲学特别是唯物史观，进而完成哲学史上的伟大变革，就必须突破以黑格尔为代表的思辨哲学的传统，从观念王国返回现实生活，从抽象太空的遨游转向对人间苦难的关切，而这一切离开对政治经济学的深入研究都是不可能的。

第二，基于工人阶级的现实需要。当时，欧洲工业革命率先在

---

[1] 《马克思恩格斯全集》第3卷，人民出版社1960年版，第261页。

英国和比利时完成，在法国正在迅速进行，而在封建势力仍占统治地位的德国还在艰难推进。工业革命的推进与进行有力地促进了资本主义制度的发展，而资本主义制度的发展又使社会迅速分化，同时使工人阶级的队伍日益庞大，广大劳动人民处于水深火热之中。工人阶级的处境深深地触动着年轻的恩格斯，他在1839年所写的《伍珀河谷来信》中这样描述当时德国工人的生活状况："在低矮的房子里劳动，吸进的煤烟和灰尘多于氧气，而且大部分人从6岁起就在这样的环境下生活，这就剥夺了他们的全部精力和生活乐趣。单干的织工从早到晚蹲在自己家里，躬腰曲背地坐在织机旁，在炎热的火炉旁烤着自己的脊梁。因此，这些人不是信奉神秘主义就是酗酒……在当地的皮匠中间也会见到一些身强力壮的人，但用不了3年，他们的肉体和精神就会被毁掉；5个人中有3个死于肺结核，最终原因是酗酒……下层等级，特别是伍珀河谷的工厂工人，普遍处于可怕的贫困境地；梅毒和肺部疾病蔓延到难以置信的地步；光是埃尔伯费尔德一个地方，2500个学龄儿童中就有1200人失学，他们在工厂里长大，——这只是便于厂主雇用童工而不再拿双倍的钱来雇用被童工代替的成年工人。"[①]实际上，德国工人的生存状况只是欧洲工人阶级普遍的历史境遇的一个缩影：当时，不论在哪一个国家，这种状况一直都与资本主义的发展如影随形。这种状况也激起了当时劳动人民和工人阶级的强烈反抗，譬如马克思和恩格斯都给予了高度肯定的1844年西里西亚纺织工人起义。当资产阶级鼓吹的人道主义理想在现实中变为人道主义灾难时，工人阶级必将为争取自身的解放而斗争。

---

① 《马克思恩格斯全集》第2卷，人民出版社2005年版，第44页。

19世纪40年代初，欧洲工人阶级作为一支独立的政治力量登上世界历史舞台。随着工人运动的日益高涨，无产阶级越来越需要科学理论的指导。如前所述，要完成这个任务，离开对政治经济学的研究是不行的。1845年，恩格斯在致马克思的一封信中这样写道："目前首先需要我们做的，就是写出几部较大的著作，以便向许许多多非常愿意干但只靠自己又干不好的一知半解的人提供必要的依据。"① 由此可见，马克思和恩格斯写作的目的就是为工人立言，为工人阶级的生存状况摇旗呐喊，为工人运动提供理论上的支撑和指导。因此，马克思和恩格斯要向工人阶级宣传他们的思想观点，就必须考虑工人的实际状况和需要，使得写作能够适逢其时、恰到好处。正如恩格斯所说："人们现在情绪高涨，我们必须趁热打铁。"② 总之，工人阶级的生存状况和工人运动的现实需要构成了马克思写作《手稿》的重要时代背景。

2.《莱茵报》时期的"苦恼"和"难事"

从马克思本人写作《手稿》时的思想背景来看，需要特别注意两个事实：

第一，马克思是一个哲学博士。实际上，马克思从青年时期就对哲学产生了浓厚的兴趣。我们都知道，马克思在大学时一开始学习的并不是哲学而是法律。1835年10月，马克思进入波恩大学开始攻读法学，一年之后又转入柏林大学法律系学习。但是，马克思对法律的

---

① 《马克思恩格斯文集》第10卷，人民出版社2009年版，第28页。
② 《马克思恩格斯文集》第10卷，人民出版社2009年版，第28—29页。

兴趣不是太大，只把它当作一门辅修专业，因此，经过一段时间的学习之后，马克思便开始认真研读黑格尔哲学，因为他内心最认同、兴趣最浓厚的便是哲学。1837年11月，马克思在给父亲的一封信中曾充满激情地明确宣告："没有哲学我就不能前进"，因此，"我就必须怀着我的良知重新投入她的怀抱。"① 1841年3月30日，马克思从柏林大学毕业。同年4月15日，马克思凭借自己的博士论文《德谟克利特的自然哲学和伊壁鸠鲁的自然哲学的差别》最终获得了耶拿大学正式的哲学博士学位。在国内出版界和理论界，一直有人混淆了马克思毕业的学校和取得博士学位的学校，因此，关于这个问题，在这里应作一些说明：马克思毕业于柏林大学，而博士学位是耶拿大学授予的。为什么马克思的哲学博士学位不是柏林大学授予的，而是耶拿大学授予的呢？可以肯定，这并不是因为马克思的水平和能力问题。事实上，马克思在当时深受新黑格尔派的教授们的赏识，而主要原因在于马克思博士论文的主要观点对于当时的德国而言过于激进，因此为普鲁士官方所不容，而学术论文的审查官又正好是一位由政府委任的神学思想浓厚、反黑格尔的人，所以他不可能从柏林大学拿到博士学位。于是，马克思出于无奈，只得向耶拿大学递交论文，并在缺席的情况下获得了耶拿大学的博士学位。对此，德国学者海因里希·格姆科夫等在《马克思传》一书中对此作了分析："由于为反动势力服务的御用思想意识这时已充塞整个柏林大学并占据了统治地位，马克思认为把论文呈交这所大学进行答辩有损于自己的荣誉，就把博士论文送往耶拿大学。主持鉴定工作的教授对这篇论文非常赞赏，因为它表

---

① 《马克思恩格斯全集》第40卷，人民出版社1982年版，第13页。

明作者'不但思想丰富，很有洞察力，而且兼备渊博的学识'。"[1] 从这个意义上讲，马克思可以算是一个名副其实的哲学博士。他的哲学素养深厚，特别是对德国古典哲学的集大成者黑格尔哲学有着深入的了解。况且，当时马克思信奉的正是黑格尔哲学。

第二，马克思在《莱茵报》时期的工作。《莱茵报》时期是马克思思想发展过程中一个重要的转折时期。我们知道，马克思在大学毕业以后，他本想通过自己的博士论文在大学里谋取一份教职，但是最终没有成功，于是他便愤然离开校园，开始了从书房走向社会的一段生涯。这时，创刊于1841年9月的一份报纸吸引了马克思的目光，这份报纸就是《莱茵报》（全称为《莱茵政治、商业和工业日报》）。当时，《莱茵报》已成为德国自由主义思想发表的一个重要平台。马克思起先是为《莱茵报》积极撰稿，1842年10月15日，马克思正式成为《莱茵报》的一名编辑，不久便升任主编，直到1843年3月，马克思被迫退出了《莱茵报》。这一时期一般称之为马克思思想发展过程中的"《莱茵报》时期"。可以肯定地说，在《莱茵报》时期，马克思关于经济学的知识还很缺乏，更谈不上对经济学有深入的研究了。关于这一点，马克思也曾坦率地承认，由于在《莱茵报》时期对经济学缺乏研究，因而尽管他对当时听到的法国社会主义和共产主义思潮的"肤浅言论"并不赞同，但是他还没有能力"妄加评论"[2]，而这些也恰恰是推动马克思对经济学进行研究的缘由所在。

《莱茵报》时期的经历对于马克思转向政治经济学研究产生了非

---

[1] 参见〔德〕海因里希·格姆科夫等著，易廷镇、侯焕良译：《马克思传》，人民出版社2000年版，第24页。
[2] 《马克思恩格斯选集》第2卷，人民出版社1995年版，第32页。

常大的影响。在1842—1843年参加《莱茵报》工作期间，马克思有了更多的机会接触和了解现实生活，他也开始把思考的焦点更多地投向现实问题。而当他涉足现实社会生活的时候，他所面临的一切问题都不再是宏大而虚幻的了，相反，他所面临的都是既具体又实际的现实问题，而这也是促使马克思转向研究经济问题的重要动因。诚如马克思本人所言："我作为《莱茵报》的编辑……关于自由贸易和保护关税的辩论，是促使我去研究经济问题的最初动因。"[1] 后来，恩格斯也曾概括指出："正是他（指马克思——引者注）对林木盗窃法和摩塞尔河地区农民处境的研究，推动他由纯政治转向研究经济关系。"[2]

在此，我们简要回顾一下马克思在《莱茵报》工作期间经历的对于现实问题发表意见的两个重要事件，即《关于林木盗窃法的辩论》和《摩塞尔记者的辩护》。先来看《关于林木盗窃法的辩论》。如果说马克思在关于出版自由的辩论的文章中还仅仅是初次触及物质利益问题的话，那么，在《关于林木盗窃法的辩论》的文章中，马克思已经更加深入地探讨了物质利益及其同等级和国家以及法的关系。事件大致是这样的：1821年6月，普鲁士的法律就规定了有关盗窃林木的刑罚，但是，由于农民破产、生活贫困，林木盗窃案件仍逐年增加。到19世纪40年代，在普鲁士政府审理的20万件左右的刑事案件中，约有15万件是属于林木盗窃方面的。于是，一个更为严厉的新法律被提交到省议会审议，要求把捡拾枯树枝也列入盗窃林木的范围，予以法律制裁。在《关于林木盗窃法的辩论》的文章中，马克思旗帜鲜明

---

[1]《马克思恩格斯选集》第2卷，人民出版社1995年版，第31页。
[2]《马克思恩格斯全集》第39卷，人民出版社1974年版，第446页。

地捍卫在"政治上和社会上备受压迫的贫苦群众的利益",并抨击普鲁士的国家和法律制度,具体体现在三个方面:首先,马克思从习惯权利为贫苦群众的利益进行辩护。他指出,农民自古以来就有在森林里捡拾枯树枝的权利,这是一种习惯法,是合法的;与此相反,贵族的习惯法则是与普遍的法律形式相抵触的,实际上是一种"习惯的不法行为"。因此,马克思公开声明:我们为穷人要求习惯法,而且要求的不是地方性的习惯法,而是一切国家的穷人所固有的习惯法。其次,马克思驳斥了省议会把捡拾枯树枝视为盗窃林木的偏见,指出捡拾枯树枝与盗窃林木是两个完全不同的概念,绝不能把二者混为一谈。再次,马克思还借助于自然界的现象为贫苦人民的利益辩护:他把捡拾枯树枝看成是自然界对于穷人的怜悯,并用自然条件的肥沃贫瘠现象来比附社会中富裕与贫困的对立。从这些辩护词中可以清楚地看到,马克思的大众立场是鲜明的,也是坚定的,当然,马克思的辩护还更多的是求助于法律而不是求助于经济分析,是求助于自然而不是求助于对社会的深入剖析。几个月之后,在《摩塞尔记者的辩护》一文中,青年马克思在思想上又取得了新的进展。事件大致如下:摩塞尔河沿岸地区的葡萄酒业主大量破产,农民生活异常贫困。《莱茵报》记者彼捷尔·科布伦茨为此撰文作了报道,引起了政府的不满。莱茵省总督冯·沙培尔指责文章的报道失实,是对政府的恶意中伤,并要求记者用具体事实作出答复。科布伦茨迫于压力致信马克思表示"离开战场"。于是,马克思奋起而应战,为记者进行了辩护。他收集了丰富的材料,阅读了大量文件,对摩塞尔河沿岸地区农民贫困的状况及其原因做了考察,驳斥了沙培尔的指责。通过论战,马克思加深了对国家问题的看法。针对普鲁士当局所认为的摩塞尔地区酒农的贫困状况同政府管理毫无关系的说法,马克思指出:"不能想像摩塞尔河沿岸地区的贫困状况和政府无关,正如不能认为摩塞尔河沿岸地区位于国境之外一样。"① 因为,这种贫困状况,"同时也就是管理工作的贫困状况",它集中反映了政府的管理原则同客观现实之间的矛盾。马克思指出:"在研究国家生活现象时,很容易走入歧途,即忽视各种关系的客观本性,而用当事人的意志来解释一切。但是存在着这样一些关系,这些关系决定私人和个别政权代表者的行动,而且就像呼吸一样地不以他们为转移。只要我们一开始就站在这种客观立场上,我们就不会忽此忽彼地去寻找善意或恶意,而会在初看起来似乎只有人在活动的地方看到这些关系的作用。"② 在这里,马克思明确指出了国家不顾贫苦农民(葡萄酒酿造者)利益的事实,因此,与其说国家是普遍利益的代表者,还不如说国家只是私人利益的工具而已。

很显然,《莱茵报》时期的经历对于马克思内心世界的冲击是强烈的,特别是上述关于林木盗窃法的辩论和对摩塞尔河沿岸地区农民状况的研究,直接促使马克思开始关注物质利益问题。这时的马克思已经开始触摸到了社会结构的内核及其深层本质,他似乎已经清楚地认识到:由物质利益形成的客观社会关系在国家和法的活动中起着制约作用,也就是说,在物质利益和国家、法的观念之间,不是后者决定前者,而是前者决定后者。换言之,不是国家决定市民社会,而是市民社会决定国家。但对于当时的马克思而言,这还的确是一件"难事"。

---

① 《马克思恩格斯全集》第1卷,人民出版社1956年版,第217页。
② 《马克思恩格斯全集》第1卷,人民出版社1956年版,第216页。

毋庸讳言，《莱茵报》时期，马克思第一次遇到了对物质利益发表意见的"难事"。之所以这样讲，是因为马克思当时信奉的是黑格尔哲学。他也曾一度认为，人的思想观念以及国家和法的原则决定着社会生活，但是在社会生活和现实问题中，马克思深刻地发现，物质利益比思想观念和法的原则更有力量。当物质利益和思想观念及法的原则发生冲突的时候，总是物质利益占上风。实际上，在这一期间，马克思走上街头、深入车间，全面了解了工人生活，这样一种深入的调查研究为马克思对物质利益发表意见提供了大量的第一手的资料。可以说，社会生活由于物质利益的对立而激起的巨大波澜对于马克思的触动是很大的，对于他所持有的观念和认识的颠覆也是根本性的。因此，也可以说，正是社会生活中的"难事"和对现实问题的"苦恼的疑问"深深地触动了马克思的思想神经。因此，通过反思进而批判他所信奉的黑格尔哲学，马克思深刻地认识到：不是政治国家决定市民社会，而是市民社会决定国家。"市民社会决定国家"，这是马克思从研究哲学、历史转向研究政治经济学的内在动因。

从一定意义上讲，马克思正是通过对黑格尔颠倒国家与市民社会关系的法哲学的批判性思考走上了通往唯物史观的道路。针对黑格尔"国家决定市民社会"的法哲学理论，在《黑格尔法哲学批判》中，马克思进行了颠覆性的批判。他鲜明地指出，在黑格尔那里，"理念变成了独立的主体，而家庭和市民社会对国家的现实关系变成了理念所具有的想象的内部活动。实际上，家庭和市民社会是国家的前提，它们才是真正的活动者"[①]。后来，恩格斯也曾指出："马克思从黑格尔

[①] 《马克思恩格斯全集》第1卷，人民出版社1956年版，第250—251页。

的法哲学出发，得出这样一种见解：要获得理解人类历史发展过程的锁钥，不应当被黑格尔描绘成'大厦之顶'的国家中去找，而应当到黑格尔所那样蔑视的'市民社会'中去寻找。"[1]也就是说，对于国家和法的性质及其变化原因，要到市民社会中去找。换言之，应该从经济关系及其发展中来解释政治及其历史，而不是相反。而在马克思看来，政治经济学正是研究和探索"市民社会的解剖学"。

实际上，市民社会与国家的关系问题正是马克思《莱茵报》时期的"苦恼的疑问"。关于这一点，马克思在1859年的《〈政治经济学批判〉序言》中曾这样回顾道：1842—1843年间，我作为《莱茵报》的编辑，第一次遇到要对物质利益发表意见的难事。为了解决使我苦恼的疑问，我写的第一部著作是对黑格尔法哲学的批判性分析，这部著作的导言发表在1844年巴黎出版的《德法年鉴》上。我的研究得出这样一个结果："法的关系正像国家的形式一样，既不能从它们本身来理解，也不能从所谓人类精神的一般发展来理解，相反，它们根源于物质的生活关系，这种物质的生活关系的总和，黑格尔按照18世纪的英国人和法国人的先例，概括为'市民社会'，而对市民社会的解剖应该到政治经济学中去寻求。"[2]因此，在《德法年鉴》之后不久，马克思就着手研究政治经济学，把研究的中心工作转向从政治经济学角度分析市民社会。

总之，《莱茵报》时期，马克思对"物质利益"发表意见的"难事"和对于市民社会与国家关系的"苦恼的疑问"是促使其转向政治

---

[1] 《马克思恩格斯全集》第16卷，人民出版社1964年版，第409页。
[2] 《马克思恩格斯选集》第2卷，人民出版社1995年版，第32页。

经济学研究、进而写作《手稿》的现实动因。

3.马克思与恩格斯的早期交往

从马克思早期的思想发展来看，其与恩格斯的交往直接促使马克思转向了对政治经济学研究。就在马克思发表了两篇文章的《德法年鉴》的同一期上，恩格斯也发表了两篇重要文章，一篇是《英国状况——评托马斯·卡莱尔的"过去和现在"》，一篇是《政治经济学批判大纲》，特别是在《政治经济学批判大纲》这篇文章中，恩格斯鲜明地指出，要彻底否定资本主义制度，仅靠抽象理论和人道主义的批判是无济于事的，必须从对经济问题的研究入手，进而寻找资本主义社会的内在运动规律。客观地讲，恩格斯的这样一种认识，对于马克思早期转向政治经济学研究产生了重要影响。马克思本人对于《政治经济学批判大纲》评价也是很高的，他称赞这是一部"批判经济学范畴的天才大纲"[①]。

实事求是地讲，较之青年恩格斯，青年马克思的政治经济学研究深受恩格斯的影响，而且起步稍晚。我们知道，马克思与恩格斯合作共事达40年之久，举世罕见。因此，马克思与恩格斯的学术思想关系也成为马克思主义发展史上一个重要的研究课题。事实上，单就《手稿》写作这一时期的青年马克思与青年恩格斯的关系而言，理论界普遍认为，青年恩格斯在经济学研究方面较之青年马克思略早一步、更胜一筹。因此，当马克思看到恩格斯的《政治经济学批判大纲》时，他的内心是激动而喜悦的，因为心中的"难事"和"苦恼"之结

[①] 《马克思恩格斯选集》第2卷，人民出版社1995年版，第33页。

一 《1844年经济学哲学手稿》的写作动因与出版简况

在这里一下子都打开了,这直接促使马克思转向了政治经济学研究。事实上,恩格斯早期的政治经济学研究和写作不仅对于马克思而且对于我们来说也是具有重要方法论启示的。一般而言,写作大体上要经历两个阶段:一是搜集材料的阶段,二是整理材料的阶段。在搜集材料阶段,搜集的材料越丰富、越全面、越详细越好。恩格斯的政治经济学研究和写作也经历了一个从搜集材料到整理材料的阶段。恩格斯在谈到为写作《英国工人阶级状况》而做的准备工作时说:"我正埋头钻研英国的报纸和书籍,为我写那本关于英国无产者状况的书搜集材料。"①当然,恩格斯并不局限于从英国的报纸和书籍中搜集材料,他还亲自跑到英国工人居住区进行实地的调查,以搜集第一手的材料。恩格斯还说:"要正确判断实际上发生的事情必须有最充分的资料,所以我写作时将很少只根据电讯,而一般要等较详细的材料。"②搜集材料是整理材料的必要前提,搜集材料是为了整理材料。在恩格斯看来,相对于搜集材料,整理材料是"最困难的工作"③,整理材料就是要把搜集来的材料安排好,使材料的安排以一定的形式系统地呈现出来,从而表达出作者的思想观点。

总之,基于以上诸多方面的原因,马克思大约是从1843年底到1844年初开始,从阅读伟大的英国人和法国人的经济学著作开始走上政治经济的研究道路的。期间,马克思阅读了亚当·斯密、大卫·李嘉图以及让·巴·萨伊、詹姆斯·穆勒、约翰·麦克库格赫等人的经济学著作,写下了若干重要笔记,还在一些摘要笔记上写下

---

① 《马克思恩格斯文集》第10卷,人民出版社2009年版,第23页。
② 《马克思恩格斯文集》第10卷,人民出版社2009年版,第127页。
③ 《马克思恩格斯文集》第10卷,人民出版社2009年版,第23页。

了大量的评注。现在保留下来的有9本笔记，而《手稿》正是马克思对自己在这一时期进行的政治经济学研究的初步概括和总结。吉登斯曾客观地指出，《手稿》是"马克思在政治经济学领域进行批判的最早尝试"①。

（二）出版简况

《手稿》是马克思为了自己弄清问题和进一步研究而写下的笔记，马克思生前并没有将它公诸于世。恩格斯大概知道这部手稿的存在，不过在马克思逝世后他也没有将它发表。关于这个原因虽有一些说法，比如有人猜测说，恩格斯当时主要是忙于《资本论》的整理工作，还没有时间回到这部手稿的编辑整理发表上来，但是具体情况是什么还不够清楚，有待进一步的研究。这样一来，也就是说，在很长一段时间里，包括列宁在内，人们几乎都不知道有这样一部手稿的存在。因此，在这里，我们有必要简要地回顾并了解一下《手稿》在国内外的出版状况。

1.国外出版状况

根据现有的研究资料，我们先大致了解一下《手稿》在国外的主要出版状况：

《手稿》的第一次出版是1927年的俄文版。1927年，俄国马克思主义研究者达·梁赞诺夫将《手稿》第3部分进行整理后，收入并

---

① 〔英〕吉登斯著，郭忠华、潘华凌译：《资本主义与现代社会理论——对马克思、涂尔干和韦伯著作的分析》，上海译文出版社2007年版，第12页。

发表在俄文版《马克思恩格斯文库》第3卷上，当时的标题为《〈神圣家族〉的准备工作》。这个版本的重要意义在于它是《手稿》首次与公众见面，但也存在诸多显而易见的问题：一方面，收录的内容只是一部分而不是完整的；另一方面，标题也不正确，被误认为是马克思写作《神圣家族》的手稿。因此，《手稿》的初次露面几乎没有引起人们的多大注意。

《手稿》第一次以德文原文发表是在1932年。1932年，德国社会民主党人朗兹胡特和迈耶尔对《手稿》进行了编辑整理后，用原文发表在《卡尔·马克思历史唯物主义早期著作集》第1卷中，取名为《国民经济学和哲学》。较之1927年的俄文版，1932年的德文版不仅内容相对完整，而且标题也更为准确。问题是这个版本在内容上还是不完整的，因为它略去了《手稿》的第一部分。另外，这个版本在《手稿》的结构编排、字迹辨认等方面还存在不少混乱和谬误之处。

《手稿》第一次以德文原文全文发表同样是在1932年。1932年，由苏联马克思恩格斯列宁研究院编辑出版的德文版《马克思恩格斯全集》第3卷首次用德文原文全文发表了《手稿》，标题是《经济学哲学手稿（1844年）》。这是《手稿》得到最为广泛传播的一个版本。可以说，自此，这部埋藏了88年之久的《手稿》才真正得以公开问世，而《手稿》一经问世，即引发了世界范围内的巨大轰动。

2.国内出版状况

我们再来了解一下《手稿》在中国的出版状况：

客观地讲，我国对《手稿》的研究在新中国成立后就已经开始了。20世纪50年代初就有关于《手稿》资料的节译和简介出现：1953年，《手稿》最早的中文节译本作为一个文学资料，收录于北京师范大学编的《文学理论学习资料》之中。1955年，《手稿》的第一个哲学资料节译本是由贺麟翻译、人民出版社出版的《马克思对黑格尔辩证法和哲学的批判》。不久之后，国内又有了《手稿》的中文全译本。1956年，《手稿》的第一个中文全译本是由何思敬翻译、宗白华校对、人民出版社出版的《经济学—哲学手稿》。在延安时，毛泽东为了推动干部研究马克思列宁主义哲学，首先发起组织了一个"六人哲学小组"，何思敬便是其中一员，还有艾思奇、陈伯达、吴黎平、杨超、和培元。他们每周活动一次，研习探讨马克思列宁主义哲学。这是国内第一个关于《手稿》的中文全译本，但是，由于当时中国社会的实际状况和当时学术界的研究状况以及译文本身存在的一些缺陷，《手稿》的中文全译本出版后并没有产生重大反响。20世纪50年代末60年代初，仅有极少数的人在研究《手稿》，例如，何其芳曾在中国人民大学文研班讲授《手稿》，并有自己对于《手稿》的有关新译文。此外，程代熙、杨适等人也都在各自撰写的著作和论文中对《手稿》有关部分作过一些校译或增订。其间，也有《手稿》的部分内容被节译并收录出版，例如，在1959年人民出版社出版的《马克思恩格斯论艺术和共产主义》和《马克思恩格斯论艺术》第一册中，以及在1963年三联书店出版的《马克思早期著作思想研究》中，都节译了《手稿》部分内容。

在我国，《手稿》研究的春天开始于党的十一届三中全会以后。1979年6月，人民出版社出版了刘丕坤重新翻译的中文全译本单行本

《1844年经济学哲学手稿》。1979年9月，在博采众长的基础上，由中共中央编译局新译了《手稿》，并收入了人民出版社出版的《马克思恩格斯全集》第42卷。1980年，朱光潜新节译的《手稿》美学部分内容发表在《美学》第2期。1985年、2000年、2014年，人民出版社又先后推出了新的单行本的《1844年经济学哲学手稿》。2009年底，人民出版社出版的《马克思恩格斯文集》第1卷收录了《手稿》，文字略有改动。

截至目前，改革开放以来《手稿》的中文全译本可以概括为以下三组数字：一个文集本，即《马克思恩格斯文集》2009年版第1卷；两个全集本，即《马克思恩格斯全集》1979年版第42卷和2002年版第3卷；四个单行本，即1979年版、1985年版、2000年版和2014年版。2014年底，人民出版社推出了《1844年经济学哲学手稿》新的单行本修订版。值得一提的是，在这个版本中，除了我们以前看到的《手稿》编辑整理版的内容框架之外，还特别附录了马克思本人当时写作《手稿》的原始顺序版。所以，从篇幅上来看，最新版的《手稿》比之前的版本更厚重了，当然，从研究者的角度来看，最新版的《手稿》也更为精准、严谨。

《1844年经济学哲学手稿》的主要内容与基本观点

02

《1844年经济学哲学手稿》导读

从一定意义上讲，《手稿》可以被视为马克思主义学说的一部"百科全书"。尽管整个《手稿》形式上带有明显的个人研究笔记的性质，就此而论，《手稿》还远不是一部已经完成了的"成熟"著作，尽管其中有些内容还是以萌芽或胚胎的形式出现的，但瑕不掩瑜，《手稿》的内容是十分丰富且相对完整的。如前所述，《手稿》第一次把哲学、政治经济学和共产主义学说作为一个有机整体进行了综合论证和阐述。实际上，在《手稿》中，德国古典哲学—英国古典政治经济学—英法空想社会主义已然构成了青年马克思"三位一体"的经典问题结构与思想语境。从这个意义上讲，《手稿》可以看作是马克思主义整体形象的典范之作和马克思主义科学理论的完整体系创立的开端之作。在《手稿》中始终贯穿着一个共同的主题，即人的解放。尽管《手稿》是政治经济学研究的阶段性成果，但是从根本上来说，研究政治经济学正是为了进一步探索人的解放的科学答案。因此，《手稿》可以看作是马克思完成"两个转变"之后对人的解放这一主题的继续探索。以人的解放为主题，《手稿》的主要内容体现为两大理论成果：异化劳动理论和共产主义理论。除此之外，在《手稿》中，处处闪烁着智慧与真理的火光，其中孕育着的许多天才思想和重要观点已经非常接近历史唯物主义的经典表述了。《手稿》包含着马克思后来进一步发展起来的许多重要思想的"胚胎"和"萌芽"，这一点使一代又一代的研究者惊叹不已。可以说，马克思的远见卓识使这部著作

二 《1844年经济学哲学手稿》的主要内容与基本观点

享誉世界并历久弥新。

（一）内容结构

根据目前的中文译本，《手稿》是由一篇"序言"和三个未完成的"笔记本"，即笔记本Ⅰ、笔记本Ⅱ和笔记本Ⅲ共四个部分组成。最初，《手稿》就写在三个手工装订的笔记本上，其中，笔记本Ⅱ共43页，但前39页已经丢失；笔记本Ⅲ的大部分内容是对笔记本Ⅱ已经丢失的前39页的一个补充。因此，这些内容之间并非孤立的而是有着内在联系的，由此，各个部分的内容还形成了一个大致比较完整的结构，但是，这一结构不是马克思在写作之前就已经考虑成熟或者说计划好了的。所以，了解《手稿》的内容结构和整体框架，就必须在这里向读者特别声明，我们现在所看到的这本书的内容结构并非马克思本人的写作顺序，而是后来出版者根据内容的相关性经过加工整理而成的一个编辑版。

我们先介绍一下《手稿》的"序言"。这篇"序言"为我们研究《手稿》提供了一把钥匙。这篇"序言"原本是放在《笔记本Ⅲ》的第三部分。1932年，当《手稿》全文发表时，编者把它放在《手稿》的开头作为全书的序言了。在这篇"序言"中，马克思主要说明了他写作《手稿》的目的、计划和内容，同时表明了他对待费尔巴哈哲学思想的态度，提出了全面剖析黑格尔哲学的必要性。

笔记本Ⅰ主要包括四个部分的内容：工资、资本的利润、地租、异化劳动和私有财产。前三个标题是马克思手稿中原有的，最后的标题则是由编者添加的。实际上，笔记本Ⅰ的内容也可以归为两大部分：前三部分即工资、资本的利润和地租，它们构成了一个部分，后面的异化劳动和私有财产则作为另一个部分。

从内容上看，在前三部分里，马克思主要是参照英国古典政治经济学的代表人物亚当·斯密所创立的古典政治经济学展开，并依次考察了资本主义社会中无产阶级、资产阶级和土地所有者的三种不同的收入形式：工资、利润和地租。在这三部分里，《手稿》的绝大多数内容是逐字逐句或者按照亚当·斯密的《国民财富的性质和原因的研究》一书的有关内容重述资产阶级经济学家的一些思想、观点的。

当然，在重述前人思想、观点的过程中，马克思也对其加以了评论、引申、发挥、批判，并作出了新的结论。在马克思看来，英国古典政治经济学已经成为当时资产阶级意识形态最先进的科学形式，因此，他将国民经济学家称为"资本家的科学存在""经济的生意人"，把政治经济学家看作"资产阶级的学术代表"[①]。因为从本质上讲，古典政治经济学已经成为了一套为资本主义服务并用来使资本主义社会关系合理化的理论体系，他们把资本、工资、利润、价值和商品的历史构成等基本范畴视为先天合理的自然事实，通过把劳动和交换的关系予以简单的数量化的方式来掩饰或回避劳动与交换的真实关系。很显然，马克思对于政治经济学这种无批判的描述方法是持批判态度的，因为这种描述方法是把政治经济学的分析范畴从资本主义的结构和运作的表象层面中引申出来的，并把它们直接视为理解资本主义体系充分而自足的要素。古典政治经济学从来没有努力去揭示这些范畴的起源、存在和作为资本主义特定部分的意义，所谓调和分析各个范

[①]《马克思恩格斯全集》第4卷，人民出版社1958年版，第157页。

二 《1844年经济学哲学手稿》的主要内容与基本观点

畴之间关系的规律,在政治经济学中也没有得到合理的解释,相反,他们把尚待解释的命题直接视为对现象表面的证明。基于这样的认识,马克思寻找到了批判古典政治经济学的重要突破口,即对于古典政治经济学无批判的前提进行批判。也就是说,要对其赖以作为前提的具体范畴首先展开批判。所以,马克思在《手稿》中一开始便力图通过解析各个范畴的起源和关系以获得一种批判性的见解,进而从根本上克服古典政治经济学仅仅对资本主义进行现象描述的方法的局限性。

值得注意的一点是,在对工资、利润、地租这些看似具体的、纯粹的经济学范畴和冷冰冰的"物"的分析背后,《手稿》在字里行间中饱含着马克思对"人"特别是工人的苦难、苦恼的感同身受。恩格斯对此也有着深切的认识,他明确指出:"英国工业的威力仅仅是靠野蛮地对待工人、靠破坏工人的健康、靠忽视整代整代的人在社会关系、肉体和精神方面的发展的办法来维持的。"[1]事实上,对人特别是对于工人及其生存境遇的强烈关切一直是马克思著作中的实际的中心问题。距离写作《手稿》20多年后,马克思于1864年4月30日在给齐格弗里德·迈耶尔的信中也道出了他自己的心声:"那么,我为什么不给您回信呢?因为我一直在坟墓的边缘徘徊。因此,我不得不利用我还能工作的每时每刻来完成我的著作,为了它,我已经牺牲了我的健康、幸福和家庭。我希望,这样解释就够了。我嘲笑那些所谓'实际的'人和他们的聪明。如果一个人愿意变成一头牛,那他当然可以不管人类的痛苦,而只顾自己身上的皮。但是,如果我没有全部

---

[1] 《马克思恩格斯全集》第2卷,人民出版社1957年版,第462页。

完成我的这部书（至少是写成草稿）就死去的话，那我的确会认为自己是不实际的。"①很显然，马克思这时的身体健康状况并不好，他自我感觉在世的时间可能已经不多了。但是，他并没有"只顾自己身上的皮"，他的心中一直装着"人类的痛苦"。因此，他全身心地投入到自己著作的写作中去，他要在有生之年努力地写出自己的著作，至少要写成草稿，为"人的解放"而鞠躬尽瘁。

在异化劳动和私有财产这一部分里，马克思详细剖析了工人在资本主义社会中的异化生存，说明异化劳动是人的类本质的丧失。在这一部分内容的最后，马克思提出要通过分析劳动活动来考察私有财产的起源并进而说明异化劳动的产生。应该说，这一部分内容是马克思对自己这一时期研究资产阶级经济学成果的哲学概括。马克思在这里明确提出了著名的"异化劳动理论"，而且，"异化劳动理论"一经提出，就成为了马克思在这一时期分析资本主义产生、发展和灭亡的历史必然性的重要理论武器。关于异化劳动理论，我们稍后还要做详细分析，这里就不再赘述。

笔记本Ⅱ是一本已经遗失的笔记的结尾部分。它只保留了最后的几页，原来没有标题，"私有财产的关系"这一标题是编者加的。从残存的这几页内容来看，它是对笔记本Ⅰ的补充，是对第一手稿当中提出的异化劳动思想的深化、发挥。其主要内容包括：一是对混淆资本与劳动本质区别的庸俗观点的批判，进一步揭示了劳动与资本的对立；二是对私有财产形式的发展的分析，论证了土地所有权和资本的对立统一；三是概括了私有财产运动。

---

① 《马克思恩格斯文集》第10卷，人民出版社2009年版，第253页。

二 《1844年经济学哲学手稿》的主要内容与基本观点

笔记本Ⅲ包括四个大的部分：前两部分是对已经遗失的正文的补充。编者对这两部分加了标题，其中，第一部分的标题是"私有财产和劳动"，第二部分包括三个小标题，分别是："私有财产和共产主义"（在这一部分中，马克思比较详细地阐述了他的共产主义理论），"对黑格尔的辩证法和整个哲学的批判"和"私有财产和需要"。第三部分是一个"增补"。第四部分则是由两个"片段"组成的，编者加的标题分别是"分工"和"货币"。在这里，如果单从这几部分的文字上看，彼此之间好像并没有什么联系，而是几个相互孤立的片段而已。但是，就其思想内容和精神实质而言，笔记本Ⅲ本身是相对完整的，都是对笔记本Ⅰ和笔记本Ⅱ中提出的一些思想的深化、发展甚至新的拓展。也就是说，《手稿》的几个组成部分之间本身也是有着内在联系的，它反映了当时马克思思想发展的基本过程和真实轨迹。

总之，通过宏观地了解《手稿》的基本内容和结构框架，我们能够清楚地看到，在马克思主义的形成过程中，马克思不仅对哲学特别是德国古典哲学进行了研究，而且对历史特别是对法国大革命历史进行了研究，还对政治经济学、各种社会主义、共产主义学说都进行了研究。如果把组成《手稿》的三个笔记本联系起来进行研究，我们就可以看到，在马克思主义创立之初，哲学、政治经济学、科学社会主义本身就是作为一个有机联系的统一整体存在的。同时，如果把组成《手稿》的三个笔记本联系起来进行研究，我们也可以更为全面、准确地挖掘出《手稿》中的核心思想。

（二）核心思想

一般认为，《手稿》的思想内容主要是由马克思在阅读[①]前人著述的过程中对原文的直接的摘录、概括的转述、批判性的注释以及马克思自己在研究中产生的一些新的思想和观点组成。当然，对于从事理论学习和研究的人来说，马克思的阅读习惯也是具有一定指导意义的。实际上，直接摘录也是马克思一贯的读书习惯。早在1837年，马克思在《给父亲的信》中就曾写道："这时我养成了对我读过的一切书作摘录的习惯——例如，摘录莱辛的《拉奥孔》、佐尔格的《埃尔温》、温克尔曼的《艺术史》、卢登的《德国史》——并顺便在纸上写下自己的感想。"[②]

至于《手稿》的核心思想是什么，有人认为是异化劳动，有人则认为是共产主义。实际上，在这部作为马克思主义整体性的典范之作的《手稿》中，"人的解放"是贯穿于异化劳动和共产主义的一个共同的主题和一条主线。在这里，我们尝试以"人的解放"为线索，将马克思的异化劳动理论和共产主义理论统一起来阐述。实际上，《手稿》的两大核心思想正是围绕"人的解放"这一主题和主线展开的。从根本上来说，异化劳动理论就是关于人的学说，确切地说，是探索人的本质和人的解放的学说。从一定意义上讲，马克思正是从人的异

[①] 诚如欧洲学者弗雷德教授所言：马克思的思想不是从天上掉下来的，而是来自极其广泛的阅读，来自一种系统的、着了魔一样的工作。他的种种研究计划、他的藏书、他的阅读内容等等还不为常人所知。马克思的私人藏书有2000多种，那个时候的书是很贵的，马克思为买书花掉了他和恩格斯的大部分收入。马克思在这些书的很多页边都做了批注。他还经常出入各种图书馆，在那里不知疲倦地阅读，并做着读书笔记。他留下了数量庞大的读书笔记等手稿，这些手稿至今未发表的仍占多数。

[②] 《马克思恩格斯全集》第40卷，人民出版社1982年版，第14页。

二 《1844年经济学哲学手稿》的主要内容与基本观点

化、人的类本质的丧失这一社会事实中引申出了人的解放这一历史主题,而共产主义理论所谈的正是人的解放的必然形式,即人如何扬弃人的自我异化、重新占有自己的本质的问题。

因此,我们将主要介绍《手稿》中贯穿着人的解放这一主题的两大核心理论:异化劳动理论和共产主义理论。

1.异化劳动理论

异化劳动是《手稿》的核心概念和重要思想。在《手稿》中,马克思在研究了工资、资本的利润和地租问题以后,写下了"异化劳动和私有财产"这一片段。在这一部分里,马克思第一次提出了"异化劳动"这一概念并全面、系统地阐述了他的异化劳动理论。我们先从异化这个概念说起。

(1)异化概念。从词源学的角度看,异化的德文词entfremdung是英文词alienation的翻译,而alienation又源于拉丁文alienatio。在神学和经院哲学中,拉丁文alienatio主要包含两层意思:第一,异化是指人在默祷中使精神脱离肉体,而与上帝合一;第二,异化是指圣灵在肉体化时,由于顾全人性而使神性丧失并与上帝疏远。

从时间线索来看,一般意义上的异化现象可以追溯至原始社会末期,但是把异化现象提升到理论高度来认识却是近代以来的事情,特别是在十七八世纪的西方启蒙思想家那里,异化逐渐获得了实质性的理论形态。荷兰著名法学家格劳秀斯是第一个用异化的拉丁文alienatio这个概念来说明权利转让的人。霍布斯和洛克虽然没有直接使用这个概念,但是他们用别的概念表达了与格劳秀斯相同的思想。在卢梭等社会契约论者那里，异化主要是指财产的转让、权利的让渡、关系的疏远和精神错乱等。卢梭强调，个人的权利和自由不能转让，除非在社会契约中放弃这种权利和自由而转让给代表他们的国家。卢梭的这种态度表明了他要求个人权利和自由的意向。卢梭还揭露了人的社会活动及其产品变成异己东西的事实。在《爱弥儿》一书中，卢梭曾指出，背离自然使人堕落；文明使人腐败；人变成了自己制造物的奴隶等。这样一来，卢梭使得异化概念获得了更为深层的含义，特别是在人与自然、人与社会的两重关系上深化了异化概念的内涵。从某种意义上讲，卢梭在异化思想上的推进成为异化向德国古典哲学意义上的异化理论过渡的重要桥梁。

"异化"的概念在德国古典哲学著作中曾被广泛使用过，而黑格尔是第一个真正把异化作为一个哲学范畴进行探讨的哲学家，他主要是在对象化、外化的意义上使用异化这一概念。黑格尔认为，绝对观念是主体，发展到一定阶段便异化为自然界，然后又在发展中扬弃了异化，回到观念自身。因此，异化是黑格尔构造思辨哲学体系的工具和杠杆。需要声明的是，在黑格尔看来，他所生活的那个时代是已经现实地克服人的异化的时代，所以他所做的工作是在思想上如何理解这种克服，如何在思想上以自我意识的形式来重演这种异化的克服，以便理论地理解而不是现实地解决异化。诚如阿尔都塞所言："如果思想真的能够重新占有那个曾孕育了它的异化，并在现实中取回它努力在一个人物中所加以理解的东西，那么，它将废除这个世界的真实的异化，并通过其言说的力量使世界与其自身相和谐。这个天真的愿望存在于每一种哲学的本质之中；马克思把它视为一种魔术而加以斥

二 《1844年经济学哲学手稿》的主要内容与基本观点

责""黑格尔的伟大之处就在于以下这一事实:他有意识地抛弃了这种愿望,并对这种抛弃之必要性进行了阐述;换句话说,他说明了当异化在历史中被具体地克服之前,它既不会在一个人物中被排除,也不可能简单地被认为是思想的本质。正是因为时代已经成熟了,正是因为历史已经完成了,同时精神已经作为一种同质的整体性而最终显现了出来,所以消除异化的思考就成了对异化的消除,对异化的思考就不再是一种异化的思考"。[①]

费尔巴哈通过批判黑格尔的唯心主义异化观建立了人本主义的异化观。费尔巴哈从感性的人出发,认为人按照自己的形象创造了上帝,然后又把上帝当作独立的主体顶礼膜拜,因而上帝是人本质的异化。对此,青年黑格尔派的代表人物施蒂纳在其《唯一者及其所有物》一书中进行了激烈的批判。他敏锐地指出,费尔巴哈式的人本主义者所从事的不过是构造"人"的宗教活动。他们打倒了上帝,又把"人"抬高到了上帝的位置。这对于现实中的个人而言,不过是统治者换了一副面孔而已。这个作为"类"而抽象存在的"人",与"上帝"的概念一样,两者都"保持为一个崇高的彼岸世界,一个达不到的最高本质,一个神",只是这一次它的名字叫"人性"罢了[②]。

很显然,马克思有别于传统意义上的一切唯物主义者,并且马克思的历史唯物主义和以前的一切唯物主义包括费尔巴哈的唯物主义都迥然不同。马克思对于异化的理解也不同于传统意义上的本体论者。根据吉登斯的分析,马克思的"新唯物主义""并不是逻辑辩论上的

[①] 〔法〕阿尔都塞,唐正东、吴静译:《黑格尔的幽灵——政治哲学论文集[Ⅰ]》,南京大学出版社2005年版,第185—186页。
[②] 〔德〕施蒂纳,金海民译:《唯一者及其所有物》,商务印书馆1997年版,第156页。

本体论假设",但是,我们也不能就此断言:"马克思的立场就没有包含一定的本体论假设"①。以"异化"问题为例,哈贝马斯指出,马克思之所以不同于本体论者就在于"最贴近身边的东西和最简单的东西,在本体论者的笔下成了最遥远的、阴森可怕的东西"。也就是说,当本体论者从人的本质出发时,马克思却是以异化作为他分析现实社会的依据和出发点的。如果说本体论者把异化理解为一种"真正的结构变化",那么马克思则把异化理解为"实践兴趣的动因,理解为解放热情的动力和为解放热情进行的辩护"②。换句话说,马克思对异化的分析实际上是以异化的扬弃或消灭为旨归的。

而且,在关于异化的许多论述上,马克思也指出了有别于唯心主义的异化理论。尽管从表面上看,他们都用异化概念对资本主义现实生活加以批判,但是,这两种批判到底有没有区别呢?如果有,区别又在哪里?如果不澄清这两个问题,人们就很容易因为这两个问题而误解马克思的异化劳动理论。马克思和其他许多哲学家一样,用异化概念批判资本主义社会不人道的现实,但是,他们的区别在于:其他人是用异化解释历史,而马克思则是用历史解释异化。用异化解释历史是说:既然异化是不人道的,那么只要大家都认识到这一点,对它加以批判,就可以克服它、消除它,推动社会进步和历史发展。用历史解释异化则是说:虽然也批判谴责资本主义社会的不人道现实,但它认识到异化的产生与消除是历史的产物,有着不以人的意志为转移

---

① 〔英〕吉登斯,郭忠华、潘华凌译:《资本主义与现代社会理论——对马克思、涂尔干和韦伯著作的分析》,上海译文出版社2007年版,第26页。
② 〔德〕哈贝马斯,郭官义、李黎译:《理论与实践》,社会科学文献出版社2004年版,第425页。

二 《1844年经济学哲学手稿》的主要内容与基本观点

的必然性和客观规律。前者是历史的唯心主义,而后者也即马克思的观点则是历史的唯物主义。这是马克思异化理论的独特之处,正是这一点,把马克思与同样使用异化概念谴责资本主义的其他哲学家区别开来了。

在《手稿》乃至整个马克思主义哲学中,"异化"概念都是最为人所熟知的术语之一。吉登斯曾鲜明地指出:"《手稿》的基调是:把黑格尔和费尔巴哈普遍本体论意义上的'异化'范畴移植到特定的社会历史语境中去。"[1]也就是说,"异化必须被当做一种历史的现象来加以研究,只有从特定社会形态的发展的角度才能得到理解。"[2]吉登斯进一步分析指出:"异化劳动这一概念表明的并不是'自然人'(没有被异化)与'社会人'(异化了的)之间的张力,而是表明一种'特定的社会形式'——资本主义——所蕴含的潜力与这种潜力实现之不可能性之间的张力。"[3]也就是说,资本主义既蕴含着人类未来发展的可能性,又蕴含着工人当下实现的不可能性。由此可见,马克思的异化概念虽来自德国古典哲学,但又从根本上不同于后者。正如吴江在《异化思想述评》一文中所指出的那样:"从马克思《手稿》以后的早期著作看,马克思是用异化概念,在内容上和实质上,不仅和黑格尔的根本不同,而且和费尔巴哈的也大不相同。'异化'在马克思那里始终是一种关于社会关系的理论,关于人的解放、人的自由发展的理

---

[1] 〔英〕吉登斯著,郭忠华、潘华凌译:《资本主义与现代社会理论——对马克思、涂尔干和韦伯著作的分析》,上海译文出版社2007年版,第18页。

[2] 〔英〕吉登斯著,郭忠华、潘华凌译:《资本主义与现代社会理论——对马克思、涂尔干和韦伯著作的分析》,上海译文出版社2007年版,第24页。

[3] 〔英〕吉登斯著,郭忠华、潘华凌译:《资本主义与现代社会理论——对马克思、涂尔干和韦伯著作的分析》,上海译文出版社2007年版,第19页。

论。这种理论开始于或主要见之于马克思的早期著作，但显然不限于早期著作。马克思也好，恩格斯也好，在任何时候都没有说过要放弃这一概念。"①

理论界关于马克思后期是否要放弃异化概念一直存在争议，但是，我们想说的是，通过异化，我们看到的是一个连贯的马克思的形象，而非"两个马克思"。吉登斯在关于"马克思的早期著作"的分析中指出，异化是《手稿》的核心概念，是"马克思成熟著作的根基"。他认为，"《手稿》对异化所作的直接研究提供了一条宝贵线索，它使我们能够窥透潜蛰在马克思后期思想中的最重要主题"②。虽然从形式上来看，《手稿》并不是一本完整的著作，而只是一些片段式的笔记，但是，从内容上来看，《手稿》作为一个整体，为我们"提供了一个对资本主义进行批判性分析的框架，这些片段式的笔记已包含了马克思所有重要思想的萌芽，这些思想在他后期著作中得到进一步深入和细致的发展"③。所以说，在《手稿》和马克思的成熟思想之间还是存在着"明显的连贯线索"④。

一般而言，作为一个哲学范畴的异化，是指主体活动的后果变成了主体的异己力量，并反过来危害或支配主体自身。也就是说，本来是自己创造的东西，或者自己做的事情，但是它发展的后果却成为了一种异己的力量，超出了人们的控制，结果反过来支配自己，压制了

---

① 《吴江文稿》上卷，中央编译出版社2009年版，第184页。
② 〔英〕吉登斯著，郭忠华、潘华凌译：《资本主义与现代社会理论——对马克思、涂尔干和韦伯著作的分析》，上海译文出版社2007年版，第13页。
③ 〔英〕吉登斯著，郭忠华、潘华凌译：《资本主义与现代社会理论——对马克思、涂尔干和韦伯著作的分析》，上海译文出版社2007年版，第19页。
④ 〔英〕吉登斯著，郭忠华、潘华凌译：《资本主义与现代社会理论——对马克思、涂尔干和韦伯著作的分析》，上海译文出版社2007年版，第23页。

二 《1844年经济学哲学手稿》的主要内容与基本观点

自己。打个比方：一个母亲生下了一个儿子，她很心疼他，很爱他，辛辛苦苦把他培养大、教育大。可是，当这个儿子慢慢长大后却变成了一个逆子，他不仅不受母亲管束，反倒过来管束他的母亲，欺侮甚至虐待母亲。儿子不认同他的母亲，把母亲当作外人甚至敌人。母亲也觉得儿子不像她的儿子，成了家庭里面的异己分子。马克思明确指出："异化……表现为每个事物都是不同于它本身的另一个东西。"[①]实际上，这样的例子在生活中比比皆是：人们发展了核物理学，在推进了科学进步和人类福祉的同时，将人类自己也逼进了死胡同，核恐怖无时不在我们的身边；人们在发展了化学工业的同时，却将自己置于各种恶劣的外部环境污染之中。现在生活好了，可我们的饭桌却似乎越来越恐怖，什么都可能被造了假，什么都可以被添加，粉皮粉丝里加了塑料粉末，油条里加了洗衣粉，臭豆腐淋了粪汤，注水肉、致癌鱼、陈化粮、苏丹红红心蛋、甲醇酒、喂养了避孕药的螃蟹和虾，面粉掺滑石粉，大米拌工业油，小米染黄颜料，鲜菜残留剧毒农药，炸油条用地沟油，鸡肉激素超标，还有致人于死命的瘦肉精……我们每天吃下的已经不是食物，而是各种各样的激素、有毒色素、塑料粉末、瘦肉精、避孕药、敌敌畏、黄曲霉毒素、添加剂，真可谓防不胜防。

最后，需要强调的一点是，在理论研究过程中，要谨防异化概念的扩大化、浪漫化和庸俗化。综上所述，我们可以看出，马克思的异化理论，既不同于西方历史上出现过的各种异化概念，也有别于德国古典哲学的异化概念。马克思的异化劳动理论主要针对的是资本主义

[①] 〔德〕马克思：《1844年经济学哲学手稿》，人民出版社2000年版，第130页。

社会关系，而不能扩及自然界的一切现象。如果说自然界也存在异化现象的话，须知这并非马克思异化理论讨论的范围。不仅自然界的现象，日常生活中的一些现象也不能硬塞进马克思的异化概念中去。对此，学者吴江曾举例说，假如有一位男人悻悻然地说，我的妻子不忠诚，她背叛了我，与我相异化；或者有一位母亲悲伤地说，我的子女不肯赡养我反而剥削我，我的家庭处于异化状态！这样说当然可以，但是决不能将马克思的异化概念的含义和应用范围任意扩大，更不能走向浪漫化、庸俗化。

（2）异化劳动与对象化劳动。在《手稿》中，对象化和异化是紧密相关的一对哲学范畴。从理论逻辑上说，对象化应该是异化的前提或基础。所以，马克思在揭示异化劳动的第一个规定即劳动产品的异化时，不得不先行提出对象化的概念。他指出："劳动的产品是固定在某个对象中的、物化的劳动，这就是劳动的对象化。"①马克思认为，人之所以要把自己的本质力量对象化，是因为人本身就是对象性的存在物；而对象性存在物的根本特点是它不仅自身是对象，而且在自身之外要有对象，因为"人只有凭借现实的、感性的对象才能表现自己的生命"②，所以，这些对象"是表现和确证他的本质力量所不可缺少的、重要的对象"③。所以，马克思说："无论从理论方面还是从实践方面来说，人的本质的对象化都是必要的。"④但是，马克思却在"对象化"和"异化"之间作出了一个至关重要的区分，进而明确区分了对

---

① 〔德〕马克思：《1844年经济学哲学手稿》，人民出版社2000年版，第52页。
② 〔德〕马克思：《1844年经济学哲学手稿》，人民出版社2000年版，第106页。
③ 〔德〕马克思：《1844年经济学哲学手稿》，人民出版社2000年版，第105页。
④ 〔德〕马克思：《1844年经济学哲学手稿》，人民出版社2000年版，第88页。

二 《1844年经济学哲学手稿》的主要内容与基本观点

象化劳动与异化劳动。

在马克思看来,对象化和异化并不是两个不同的过程,而是同一过程的两个方面。但是,这并不是说任何一种对象化都必然会发生异化,异化只是对象化的一种特殊形式。着眼于资本主义条件下的工人劳动,马克思指出,工人富有创造性的、作为生命体现的劳动并不总是导致自我实现。在异化的条件下,这种自我实现并不发生。在异化的条件下,劳动仅仅成为谋生手段,从而使劳动者沦为动物、机器。正是在这个意义上,马克思把劳动明确区分为对象化和异化两个方面:对象化是一切劳动的共性,任何产品都是人的对象化活动所创造的,是凝结在对象中、物化为对象的劳动。而异化则是在资本主义条件下对象化劳动过程中发生的特有现象,是个性。具体来说,在资本主义条件下,劳动者在创造出产品的同时,也创造出一个反对、支配自己的独立力量,这就是劳动异化。我们可以把这种异化理解为工人自己的物质活动和精神活动及其产物,变成一种外在的异己的力量转过来反对、支配、奴役人本身所造成的人的"生活世界的殖民化"。异化是资本主义私有制和分工所造成、所带来的必然结果。从资本主义的经济事实出发。恩格斯这样描述道:"看机器,接断头,这种活动并不需要工人运用思想,但同时又不许工人思考别的事情。我们还看到,这类劳动也不需要肌肉紧张起来,不让身体有活动的余地。因此,这并不是真正的劳动,而是纯粹的无聊,是世界上最折磨人、最使人厌倦的无聊。工厂工人被判决在这种无聊中毁掉他的全部体力和智力;他的天职就是从八岁起整天整天地受无聊的折磨。此外,他没有一分钟的空闲时间:蒸汽机整天地转动着,轮子、传动皮带和锭子整天在他耳边轰隆轰隆、轧拉轧拉地响着,只要他喘一口气,拿着罚款簿的监工就会立刻在他背后出现。这样被判决活埋在工厂里,不停地注视着永不疲劳的机器,对工人来说是一种最残酷的苦刑。这种判决最能使工人身体衰弱,精神萎靡不振。真的,要想出一个比工厂劳动更能使人愚昧的办法来的确是很难的,而如果说工厂工人仍然不仅保持了自己的理智,甚至还使它比其他的人更加发展,那只是因为他们起来反抗了自己的命运,反抗了资产阶级;这就是他们在工作时间也没有失掉的唯一的感觉和唯一的思想。如果某一工人对资产阶级的愤怒还没有成为压倒一切的感情,那他就必然要酗酒,要做出通常所谓堕落的事情。"[1]这不就是异化劳动的生动写照吗!问题在于,资本主义社会中的问题不仅仅是经济事实,而是整个人存在的人的现实。因此,只有从人的本质的历史角度考察人的处境和人的实践,才能使批判的实践性越来越鲜明和尖锐。

概而言之,对象化劳动是指人类对自然界的改造和占有,这是任何时候都需要的一般的劳动,也是劳动的共性和肯定方面。异化劳动特指私有制条件下抽象的劳动和劳动的特殊社会形式,是需要扬弃的劳动,即劳动的个性和否定方面。当然,也有学者在解读《手稿》的基础上撰文[2]指出,可以用主客同一和主客对立的思想范式来解释和规范对象化与异化。他们认为,如果将其放到人的感性实践活动中来理解,就是马克思所讲的对象化、异化和异化的扬弃那一套道理。辩证法的核心规律对立统一和否定之否定,反过来,马克思在人的感性活

---

[1] 《马克思恩格斯全集》第2卷,人民出版社1957年版,第463页。
[2] 参见萧诗美、刘锦山:《马克思哲学的秘密:实践中主客体的对立同一——〈1844年经济学哲学手稿〉解读》,《马克思主义哲学研究》2010年第1期。

二 《1844年经济学哲学手稿》的主要内容与基本观点

动领域中所讲的对象化、异化和异化的扬弃那套道理，单从哲学角度来说就是实践中主客体对立同一的辩证法，对象化即主客同一，异化即主客对立，这种观点可谓十分富有创见。

总之，在批判地改造了德国古典哲学的异化概念的基础上，马克思提出了他的异化劳动理论，并在明确区分对象化劳动与异化劳动的基础上系统地阐述了异化劳动的四重规定性。

（3）异化劳动的四重规定性。在《手稿》中，异化劳动最初是以胚胎的形式建立起来的马克思主义三个组成部分的理论基础。从全书的论述中我们可以看到，把这三个组成部分统一起来的纽带正是异化劳动理论。因此，马克思在《手稿》中系统地论述了异化劳动的四重规定性。具体表现为：工人同自己的劳动产品相异化；工人同自己的劳动活动相异化；工人同人的类本质相异化；人同自己的劳动产品、自己的生命活动、自己的类本质相异化的直接结果就是人同人相异化。

第一，工人同自己的劳动产品相异化。一般而言，人的对象化首先是通过劳动产品来实现的。马克思说："我们的产品都是反映我们本质的镜子。"[①]这样的自我对象化，意味着我就是我的对象；反过来说，我的对象不过是我的生命或我的本质的对象化或现实化。在此，自我与他的对象的关系是潜能与现实、本体与现象的关系。这恰恰说明了人是对象性的存在物，其本质要表现为对象，而这个对象正反映出他的本质。需要强调的是，自我对象化后，对象与自我的关系实际上有两种可能：一是主客同一，对象确证自我的存在，对象意味着自

---

① 〔德〕马克思：《1844年经济学哲学手稿》，人民出版社2000年版，第184页。

我的实现，这是正常的对象化。二是主客对立，对象否证自我，对象意味着自我的丧失，那就是所谓的异化。

就异化劳动的第一层表现来看，所谓工人同自己的劳动产品相异化，也就是说，"劳动所生产的对象，即劳动产品，作为一种异己的存在物，作为不依赖于生产者的力量，同劳动相对立"。[①]"人对自己的劳动产品即对象化劳动的关系，就是对一个异己的、敌对的、强有力的、不依赖于他的对象的关系。"[②]马克思在此用"异己""敌对""对立"等措辞来表示了对象与自我的关系是对立性质的。在这种情况下，人的对象不再是他的自我实现，而是他的自我丧失。"人变成了对自己来说是对象性的，同时，确切地说，变成异己的和非人的对象"[③]；因为"对象化表现为对象的丧失和被对象奴役"[④]。马克思指出，工人在劳动对象和生存资料"这两个方面成为自己的对象的奴隶"，甚至达到"这种奴隶状态的顶点"[⑤]。也就是说，劳动产品成为不依赖于劳动者的独立力量，他们生产得越多，他们占有的产品反而越少，从而反对他们自己的异己力量就越大。工人所创造出来的财富越多，他自己就越贫困；他创造出来的智慧越多，他自己就越愚昧。产品本来是劳动者创造出来的，杯子也是工人生产的，桌子也是工人做的，结果，劳动者生产出来的东西自己不仅享受不到，反而受制于这些东西。例如，现代社会产生的"断网恐惧症"：网络的灵敏触角已经深入到我们生活的每个角落，网络是如此深刻地介入并影响着我们的工

[①]〔德〕马克思：《1844年经济学哲学手稿》，人民出版社2000年版，第52页。
[②]〔德〕马克思：《1844年经济学哲学手稿》，人民出版社2000年版，第60页。
[③]〔德〕马克思：《1844年经济学哲学手稿》，人民出版社2000年版，第60页。
[④]〔德〕马克思：《1844年经济学哲学手稿》，人民出版社2000年版，第52页。
[⑤]〔德〕马克思：《1844年经济学哲学手稿》，人民出版社2000年版，第53页。

作和生活。当网络已经成为语言,断网则意味着"失语"。如果有一天突然没有了网络,不安、空虚和焦虑便会随之袭来,这种感觉就被称为"断网恐惧症"。这种症状的多发群体为学生和上班族,表现为没有网络,便会感觉自己无法生存。每一次断网,都会让这些以网络为生的人生活濒临瘫痪。

关于工人同自己的劳动产品相异化,马克思用了大量笔墨给予了生动而详细的描述。具体表现为:"工人生产的财富越多,他的产品的力量和数量越大,他就越贫穷。工人创造的商品越多,他就越变成廉价的商品。物的世界的增值同人的世界的贬值成正比。"①"工人生产得越多,他能够消费的越少;他创造价值越多,他自己越没有价值、越低贱;工人的产品越完美,工人自己越畸形;工人创造的对象越文明,工人自己越野蛮;劳动越有力量,工人越无力;劳动越机巧,工人越愚笨,越成为自然界的奴隶。"②"劳动为富人生产了奇迹般的东西,但是为工人生产了赤贫。劳动生产了宫殿,但是给工人生产了棚舍。劳动生产了美,但是使工人生产变成了畸形。劳动用机器代替了手工劳动,但是使一部分工人回到野蛮的劳动,并使另一部分工人变成机器。劳动生产了智慧,但是给工人生产了愚钝和痴呆。"③尽管马克思的论述写在100多年以前,但是今天的现实却正在证明其思想的科学性与深刻性。2013年2月初,时任国务院副总理的李克强在内蒙古调研时曾指出群众有居、忧居和宜居的问题。他指出,棚户区改造不仅是重大民生问题,也有利于国家的持续健康发展。现在,群众

---

① 〔德〕马克思:《1844年经济学哲学手稿》,人民出版社2000年版,第51页。
② 〔德〕马克思:《1844年经济学哲学手稿》,人民出版社2000年版,第53页。
③ 〔德〕马克思:《1844年经济学哲学手稿》,人民出版社2000年版,第54页。

是"有居"但"忧居",烧饭、点煤、如厕都很忧心。我们要解决住房这个天大的事,把老百姓的"忧居"变成"宜居"。后来,李克强在简陋的会场里告诫参会官员,我们不能让城市这边高楼大厦,那边棚户连片;这边霓虹闪烁,那边连基本的生活条件都不具备。无独有偶,这不就是马克思上述思想的一个中国翻版嘛!所以说,当代中国社会发展的现实已经如此明白地向我们提出了这样一个重大课题:只要是有心人、只要是明眼人,都能看到这种发展起来以后的诸多现象和种种问题,所以面对中国的现实都能得出这样的结论。马克思当年透视资本主义社会早期发展中出现的问题,与我们发展中以及发展起来以后的问题多少有些"家族相似"的特征。根据唯物史观的基本原理——社会存在决定社会意识来看,李克强所讲的这番话是真实、真切、真诚、深刻的。

马克思在《手稿》中的这些鲜活的语言和生动的描述,让我们不禁想起卓别林主演的《摩登时代》的一幕幕场景:工人在生产线上只不过是一个个小小的螺丝钉,反复不变地操作着同一个简单动作、工序,最后的结果就是人生产的产品越来越完美了,但人在生产线上变得越来越畸形、发展越来越片面。正因为这样,马克思内心萌生的人的自由全面发展的理想就越来越强烈。现在看来,关于指出人的未来的这样一个发展倾向或目标,马克思是有现实依据的,而并非突发奇想、心血来潮。这就是异化劳动的第一个方面的表现,即工人和自己的劳动产品的异化。

工人同自己的劳动产品相异化,在资本主义社会中,表现为工人自己的劳动产品变成了奴役工人的工具,人为物役现象日益普遍化。

二 《1844年经济学哲学手稿》的主要内容与基本观点

关于这一点，在商品拜物教、货币拜物教中有着最为集中的体现。商品是人所创造出来供人所用的，货币也是人所创造出来为人服务的，结果却全都颠倒过来了：在现实生活中，好像是金钱万能，金钱成了神，人什么本事都没有，得靠金钱。金钱本来是死的东西，却倒过来统治了人。人也被物所统治，人为物役现象日益普遍化。美国摄影师吉米·希基曾经针对"金钱至上"引发的人格问题拍摄了一组行为艺术照片，在照片中，他用美元缝制成一件从头罩到脚的"钱衣"，暗喻全身都散发出铜臭味。在这组照片中我们可以看到，因为钱，人们跪倒在了金钱的面前。诚如马克思所说："过去表现为个人对个人的统治的东西，现在则是物对个人、产品对生产者的普遍统治。"[①]历史地看，在以"人的依赖"为基础的前资本主义社会中，异化表现为人对人的人身依附关系，而在"以物的依赖为基础的人的独立阶段"的资本主义社会中，物则统治了人，使人成为物的奴隶。马克思进一步分析指出了人为物役这种奴役模式发展的历史必然性，即分工导致交换，而交换产生货币，最后在"货币中，表现出异化的物对人的全面统治"[②]。

货币拜物教标志着劳动产品同人的全面异化，也标志着物对人的全面统治。货币是在资本主义条件下人类自我异化的表征，它自身所具有的"普遍化"力量在扫除一切神圣的东西的时候，也催生了一种特殊的"致富欲望"。马克思指出："致富欲望本身是一种特殊形式的欲望，也就是说，它不同于追求特殊财富的欲望，例如，追求服装、

[①] 《马克思恩格斯全集》第42卷，人民出版社1979年版，第34页。
[②] 〔德〕马克思：《1844年经济学哲学手稿》，人民出版社2000年版，第176页。

武器、首饰、女人、美酒等等的欲望……贪欲在没有货币的情况下也是可能的;致富欲望本身是一定的社会发展的产物,而不是历史产物相对的自然产物。"①货币也是一种人们自己制造出来以统治全人类并使人加以膜拜的异己物。马克思模仿费尔巴哈独特的哲学语言和特殊语意指出:正如上帝只有在人的异化中才有价值,货币也只有在私有财产的异化中才有价值。在货币的批判上,马克思实际上撇开了货币在经济学意义上关于货币数量和价值的讨论,而是把重点放在对货币的"媒介性"的讨论上。他认为,货币中的价值不在于货币金属的价值,而在于它充当人们以"物"进行交换的社会媒介性。货币的存在依赖于人的社会活动的异化和物化。"货币的本质,首先不在于财产通过它转让,而在于人的产品赖以互相补充的中介活动或中介运动,人的、社会的行动异化了并成为在人之外的物质东西的属性,成为货币的属性"②。这就是说,货币是私有财产外化的物质表现或承担者,而私有财产的外化不过是人的社会活动的异化。因此,货币的属性不过是人的社会活动异化的物质表现或承担者。

第二,工人同自己的劳动活动相异化。马克思指出:"异化不仅表现在结果上,而且表现在生产行为中,表现在生产活动本身中。"③也就是说,异化不仅表现在劳动产品上,而且也表现在劳动活动中,后者更具有根本性。试想,如果工人不是在劳动活动本身中使自身异化,那么,工人劳动活动的产品又怎么可能会作为相异的东西同工人

---

① 〔英〕吉登斯著,郭忠华、潘华凌译:《资本主义与现代社会理论——对马克思、涂尔干和韦伯著作的分析》,上海译文出版社2007年版,第244页。
② 《马克思恩格斯全集》第42卷,人民出版社1979年版,第18页。
③ 〔德〕马克思:《1844年经济学哲学手稿》,人民出版社2000年版,第54页。

二 《1844年经济学哲学手稿》的主要内容与基本观点

相对立呢！根据马克思的分析，在资本主义条件下，劳动活动本身就异化了，具体则表现为劳动的外在性、强制性、异己性。

首先，劳动不是自愿劳动，而是强制劳动。对工人来说，劳动是外在的东西，而不属于他的本质，劳动不是内在的需要，而是需要的手段。因此，这种劳动不是满足一种需要，而只是满足劳动需要以外的那些需要的一种手段。工人在自己的劳动中"不是肯定自己，而是否定自己，不是感到幸福，而是感到不幸，不是自由地发挥自己的体力和智力，而是使自己的肉体受折磨、精神受摧残。因此，工人只有在劳动之外才感到自在，而在劳动中则感到不自在，他在不劳动时觉得舒畅，而在劳动时就觉得不舒畅。因此，他的劳动不是自愿的劳动，而是被强迫的强制劳动"[1]。

其次，劳动不是自我实现，而是自我牺牲、自我折磨的劳动。对工人来说，逃避劳动成为了一种基于自然必然性的选择。在这里，"劳动的异己性完全表现在：只要肉体的强制或其他强制一停止，人们会像逃避瘟疫那样逃避劳动。外在的劳动，人在其中使自己外化的劳动，是一种自我牺牲、自我折磨的劳动"[2]。试想，当我们从事一种能够实现自我价值、展现自我能力的劳动时，我们肯定会乐在其中，从而享受这样一种劳动，相反，当我们从事的是一种外在的、强制的劳动时，我们在劳动中必然会感到如坐针毡。当这种使我们的肉体和精神受到双重摧残的劳动结束的时候，正常人都会很庆幸自己还活着，甚至想要逃避，能逃多远就逃多远。

---

[1] 〔德〕马克思：《1844年经济学哲学手稿》，人民出版社2000年版，第54—55页。
[2] 〔德〕马克思：《1844年经济学哲学手稿》，人民出版社2000年版，第55页。

最后，劳动异化的结果就是工人的人性的完全丧失。正如马克思所说："因此，结果是，人（工人）只有在运用自己的动物机能——吃、喝、生殖，至多还有居住、修饰等等——的时候，才觉得自己在自由活动，而在运用人的机能时，觉得自己只不过是动物。动物的东西成为人的东西，而人的东西成为动物的东西。"①很显然，劳动异化使人的东西与动物的东西完全颠倒过来了。对工人而言，人所应有的人性的东西丧失殆尽，这也使得人不仅沦为了动物，甚至连动物都不如。马克思分析指出，在这种情况下，人又重新退回到了动物的生存层次，他的活动同动物的活动就又没有什么根本区别了，人的生存状态又倒退到原始阶段。在人的生活就连最基本的需要也得不到满足的非人生存状态下，对工人来说，甚至对于新鲜空气的需要也成为一种奢求。

当然，值得注意的是，在这一段话之后，马克思紧接着又写下了另一段富有深意的话，他说："吃、喝、生殖等等，固然也是真正的人的机能。但是，如果加以抽象，使这些机能脱离人的其他活动领域并成为最后的唯一的终极目的，那它们就是动物的机能。"②人固然同动物一样也要吃、喝、生殖等，但这并不是人的生活的唯一，也不是生活的全部内容，否则人与动物就没有两样了！事实上，即使同样是"吃"，动物的吃与人的吃也不一样。马克思认为，动物用爪、牙啃生肉的吃与人用刀、叉吃熟肉的吃完全不一样！应该说，上述论断包含着重要的方法论意义，即要学会整体地、全面地看问题。

---

① 〔德〕马克思：《1844年经济学哲学手稿》，人民出版社2000年版，第55页。
② 〔德〕马克思：《1844年经济学哲学手稿》，人民出版社2000年版，第55页。

二 《1844年经济学哲学手稿》的主要内容与基本观点

譬如,对"人"的认识就应该整体地、全面地看。人是什么?人可能一半是天使,一半是魔鬼。在古老的"斯芬克斯之谜"之中就蕴藏着对人为何物的答案:在古希腊神话中,站在山崖上的狮身人面的怪物——斯芬克斯向路过的俄狄浦斯提出了如下的问题:早晨四只脚、中午两只脚、晚上三只脚行走的动物是什么?按照规则,如果俄狄浦斯回答不出这个问题,他将被斯芬克斯吃掉;如果他准确地解答了这个问题,斯芬克斯将坠崖自尽。这就是著名的"斯芬克斯之谜",由于俄狄浦斯准确地说出了谜底——人,斯芬克斯不得不坠崖自尽。

那么,为什么人早晨是四只脚、中午是两只脚、晚上是三只脚呢?因为早晨、中午和晚上分别比喻了人的儿童、青壮年和老年三个时期:儿童时期手脚都在地上爬,青壮年时期两脚站地,老年时期走路要靠拐杖,成了"三只脚"。自古希腊的"狮身人面像"之后,人与自然、动物不同的一面就被人为放大了。实际上,人既有动物机能,也具有人的机能。也就是说,人既有动物性、自然性的一面,也有社会性、精神性的一面,二者缺一不可。如果没有前者,人不就成了不食人间烟火的神仙、鬼怪了嘛!相反,如果没有后者,人又与行尸走肉、酒囊饭袋没有两样了。因此,我们应该谨记这样一个朴素的道理:我们人的吃是为了活着,但活着绝不仅仅是为了吃。

在考察完异化劳动的前两个规定性之后,马克思接着又说,我们现在还要根据异化劳动的这两个规定推出它的第三个规定。

第三,工人同人的类本质相异化。要弄清楚工人同人的类本质相异化这个概念,首先就必须弄清楚马克思所说的"类本质"是什么。客观地讲,在《手稿》中,马克思曾多次使用的"类""类生活""类存在物""类本质"等表述都是从费尔巴哈那里借用来的术语,而这一点也恰恰成为《手稿》为人诟病最多、误解最深的地方。因此,我们在这里特别需要指出的是,马克思固然是在引用费尔巴哈的概念,但是马克思结合自己的研究成果,已经赋予了这些概念以新的含义。也就是说,马克思已经用"类"这个旧瓶装下了新酒。如果我们仅仅盯着"类"这层炫人耳目的外衣而不去深究的话,如果仅仅看到"旧瓶"而看不到瓶中的"新酒"的话,就发现不了马克思在这里所实现的重要思想变革。因此,马克思固然在《手稿》中在形式上借用了费尔巴哈的术语,但他已经在这一形式中注入了新的思想内容。实际上,在《手稿》中,马克思借用的"类""类本质"已不再是马克思所批判的费尔巴哈意义上的"内在的、无声的、把许多个人自然地联系起来的普遍性",也已不再是"单个人所固有的抽象物",而是已经包含着社会关系特别是生产关系这一崭新的内涵。也就是说,马克思已经用"类""类生活""类本质"的"旧瓶"装下了"自由自觉的活动"的"新酒"。

在《手稿》中,马克思认为,生产劳动是人的类本质,而生产劳动的特点又在于它是一种自由的有意识的活动。换句话说,它是人的自由活动、自主活动、自我实现,是人自觉自愿地从事的活动。但是,异化劳动把自主活动、自由活动贬低为手段,也就把人的类生活变成了维持人的肉体生存的手段。也就是说,人的类本质异化了。在这里,需要注意的是,马克思讲人的本质的异化时首先设定了人的未经异化的本质是什么,指出人的本质是生产劳动,而生产劳动的特点又在于它是一种自由的有意识的活动,换句话说,它是

二 《1844年经济学哲学手稿》的主要内容与基本观点

人的自由活动、自主活动、自我实现,是人自觉自愿地从事的,即它具有社会性。从形式上看,这样做与当时流行的其他哲学理论有相似之处,即它们都是事先设定人的某种本质,然后以它为基础展开自己的理论讨论,对现实生活进行分析或批判,因而也同样具有唯心主义之嫌。其实,二者存在着根本的区别:马克思把生产劳动视为人的类本质是基于这样一种认识,即一个种的整体特性、种的类特性就在于生命活动的性质。也就是说,物种与物种的区别在于它们的生命活动的性质,而所谓生命活动,就是维持并延续自己的生命的活动。这样的活动对于不同的动物来说是不同的,这正是它们借以相互区别的特征所在。人只有通过劳动才能生存,而劳动活动最大的特点就在于它是自觉自愿地进行的,这是任何人都无法否认的事实,因而马克思对人的类本质的理解是有充分根据的,而并非唯心主义的主观臆断。

因此,要把握工人同人的类本质相异化,还必须正确解读马克思这样一段很重要的论述,即"一个种的整体特性、种的类特性就在于生命活动的性质,而自由的有意识的活动恰恰就是人的类特性"[1]。在这里,马克思明确指出,把一个物种和其他物种区别开来的根本依据就在于其生命活动的性质,而人的类本质、人的生命活动的性质就是劳动这种"自由自觉的活动"。很显然,马克思在这里所建构起来的是一种"人本学批判",这种批判正是以"自由自觉的活动"为价值评价和规范尺度的。可以说,马克思对于资本主义的批判主要是在一种关于人的本质的规范面和人的本质的现实面之间的矛盾架构中展开

---

[1] 〔德〕马克思:《1844年经济学哲学手稿》,人民出版社2000年版,第57页。

的。在马克思看来,"有意识的生命活动把人同动物的生命活动直接区别开来"①。作为人的生命活动的独特性质,自由自觉的活动是使人与一切其他物种区别开来的根本标志。因此,人如何在劳动活动中实现人全部丰富的潜能才是目的本身。但是在现实中,人的生命活动的性质即自由自觉的活动、人的生活本身变成了生活的手段。尽管这是一种"人本学批判",但是现代社会人的生存方式却正在印证着马克思上述论断的科学性与深刻意义。难怪有学者大声疾呼,在现代社会中,人们都迷失在了手段的王国和"物"的海洋里了,追求山珍海味、豪华别墅、高档轿车……反而忘记了生活的目的和意义本身。那么,人生的意义究竟是什么?我们还能否记得改革开放之初那个引发人生意义大讨论的"潘晓来信"?1980年4月,《中国青年》杂志在当年的第5期上发表了一位署名"潘晓"的文章:《人生的路啊,怎么越走越窄……》,随即在全国范围内引发了一场持续8个月之久的关于人生意义的大讨论。"潘晓来信"述说了一个青年工人的坎坷经历和苦闷心情,提出了"人生的意义究竟是什么"这一重大问题。

实际上,诚如有学者分析指出的那样,人类其实一直都生活在二重世界,即"日常生活世界"与"生命意义世界"之中。在某种意义上,这是两个完全不同的世界:"日常生活世界"连接着人的生老病死、酸甜苦辣、喜怒哀乐。通俗地讲,开门七件事——柴、米、油、盐、酱、醋、茶,这就是"日常生活世界"。在这个世界里,你会看到人们忙着为自己的生存和发展进行筹划、四处奔波。然而,或迟或早,人们的日常生存必然会出现这样或那样的裂口,比如某人在一场

---

① 〔德〕马克思:《1844年经济学哲学手稿》,人民出版社2000年版,第57页。

二 《1844年经济学哲学手稿》的主要内容与基本观点

车祸中变成残疾人、某人的孩子突然患上了白血病、某人在生意场中被合伙人骗得倾家荡产、某人被自己的恋人无情抛弃。而在所有这些裂口中,每个人都无法回避的一个裂口就是死亡。在日常生活世界中,人们会全身心地致力于对财富和权势(外在的物)的追求,却忘记了周围隐藏着的这些裂口。一旦这些裂口突然出现在人们的脚下,他们的思维就会超越日常生活世界,进入到另一个世界,即"生命意义世界"之中。在这个世界里,人们开始拷问自己:"我活着究竟有什么意义?"显然,人们对生命意义的思考就是超越思维。对于普通人来说,他们的思维是很难跃居到超越思维的层面上去的,即使由于遭遇到生存的裂口而跃居到这个层面上,也会很快从"生命意义世界"退回到"日常生活世界"中。打个比方,"日常生活世界"就像一条隧道,而"生命意义世界"就像一个燃烧着的火炬。在一个没有火炬的隧道中,人必然会走得跌跌撞撞,甚至碰得鼻青脸肿,而真正有意义的人生就离不开对生命意义的叩问。事实上,只有那些自觉地用人生的火炬去照亮隧道的人,他们的人生才不会在浑浑噩噩中度过,也不会跌入自以为聪明但其实很愚蠢的窘境中。

写到这里,笔者突然想起距今差不多200年前的1816年,大哲学家黑格尔在海德堡大学所作的《哲学史讲演录》的开讲词中曾经发出的感叹:"时代的艰苦使人对于日常生活中平凡的琐屑兴趣予以太大的重视,现实上很高的利益和为了这些利益而作的斗争,曾经大大地占据了精神上一切的能力和力量以及外在的手段,因而使得人们没有自由的心情去理会那较高的内心生活和较纯洁的精神活动,以致许多较优秀的人才都为这种艰苦环境所束缚,并且部分地被牺牲在里面。因为世界精神太忙碌于现实,所以它不能转向内心,回复到自身。"①反观自身,我们正生活在一个急躁而喧嚣的时代,整个社会都弥漫着一种浮躁、焦虑的情绪。可以说,人心浮躁、人生焦虑已然成为现时代的一种集体病症。而恰恰是针对现时代中国社会所存在的上述问题,习近平总书记明确指出,要特别注重培育自尊自信、理性平和、积极向上的社会心态②,可谓意味深长!

第四,人同人相异化。人同自己的劳动产品、自己的生命活动、自己的类本质相异化的直接结果就是人同人相异化,这是一个十分自然的推论。马克思指出,人的类本质同人相异化这一命题说的是一个人同他人相异化以及他们中的每个人都同人的本质异化。劳动活动以及人的一切活动都具有社会性,社会性与自主、自由一样也是人的本质的表现。异化劳动造成不劳动者占有劳动者的产品,造成人与人的对立,使人丧失了自己的社会性本质。

试问,如果人的劳动产品不属于自己、自己的劳动活动也不属于自己,那么它到底属于谁呢?毫无疑问,应属于另一个有别于其自身的存在物。关键是,这个有别于其自身的异己的存在物又是什么呢?马克思分析指出,这个异己的存在物既不是神,也不是自然界,而只能是有别于其自身的另一个人。其原因就在于:"人的异化,一般地说,人对自身的任何关系,只有通过人对他人的关系才得到实现和表现。"③也就是说,作为一种社会存在物,人的一切社会关系都要在人

---

① 〔德〕黑格尔:《哲学史讲演录》第1卷,商务印书馆1959年版,第1页。
② 参见习近平:《决胜全面建成小康社会 夺取新时代中国特色社会主义伟大胜利——在中国共产党第十九次全国代表大会上的报告》,《人民日报》2017年10月28日。
③ 〔德〕马克思:《1844年经济学哲学手稿》,人民出版社2000年版,第59页。

二 《1844年经济学哲学手稿》的主要内容与基本观点

与他人的关系中表现出来。无独有偶,先哲庄子在《齐物论》中提出的"吾丧我"与大词人苏东坡在《临江仙》中的哀叹"长恨此身非我有,何时忘却营营?"都在一定意义上表达了作为社会存在物的人身不由己的生存状态。在谈到人的社会存在时,马克思曾打比方说:"在某种意义上,人很像商品。因为人来到世间,既没有带着镜子,也不像费希特派的哲学家那样,说什么我就是我,所以人起初是以别人来反映自己的。名叫彼得的人把自己当做人,只是由于他把名叫保罗的人看做是和自己相同的。因此,对彼得说来,这整个保罗就以他保罗的肉体成为人这个物种的表现形式。"[①]

正因如此,马克思在《手稿》中分析指出:"如果人对自己的劳动产品及对象化劳动的关系,就是对一个异己的、敌对的、强有力的、不依赖于他的对象的关系,那么他对这一对象所发生这种关系就在于有另一个异己的、敌对的、强有力的、不依赖于他的人是这一对象的主人。"[②]事实上,工人通过异化劳动的确生产出了一个对劳动生疏的、站在劳动之外的人,这个人就是资本家。因此,当工人同自身相对立时,他必然同他人即资本家相对立。因为在资本主义制度下,一无所有的工人阶级只有把自己的劳动力出卖给资本家,才能和资本家所占有的生产资料相结合进行生产活动。同样,工人也只有把自己的劳动力作为商品卖给资本家,才能获得维持自己生存的工资。所以,"对工人来说,劳动的外在性表现在:这种劳动不是他自己的,而是别人的;劳动不属于他;他在劳动中也不属于他自己,而是属于

---

① 《马克思恩格斯文集》第5卷,人民出版社2009年版,第67页。
② 〔德〕马克思:《1844年经济学哲学手稿》,人民出版社2000年版,第60页。

别人"①。很显然，工人的劳动产品、劳动活动已经不属于工人，而属于站在工人对立面的资本家了。

历史的吊诡之处就在于：资本主义社会本身正是在这样一种劳资对立的形式中向前发展的。正如马克思在《1857—1858年经济学手稿》中所写的那样：在资本主义条件下，财富的创造，"表现为从事劳动的个人本身的异化，他不是把自己创造出来的东西当做他自己的财富的条件，而是当做他人的财富和自己贫困的条件"。②根据塞尔斯的分析，马克思在他的早期著作中对于异化的道德性的论述是随处可见的。关于这一点，无论是马克思的赞成者还是批评者都达成了高度一致的认同。然而，塞尔斯指出，尽管对于异化的道德性解释并不意味着就是错误的，但是在我们把这样一种观点归之于马克思的时候应该非常谨慎。毫无疑问，马克思谴责资本主义，但是，如果说马克思把他的异化概念的主要目的看作某种道德批判，这却是对马克思的极大误解。即便在马克思的早期著作那里，情况也非如此。和处于后康德哲学传统中的其他人（包括黑格尔）一样，马克思坚持认为他的首要目标是解释社会和经济，而非道德批判。③

客观地讲，人同人的异化本身并不仅仅是一个合理不合理的道德问题，而且还是一个包含着自然必然性的社会历史过程。对此，也许这样一种看法更合理，即在马克思的异化理论发展中，有一个从"道德评价优先"到"历史评价优先"的视角转换。在创立唯物史观后，

---

① 〔德〕马克思：《1844年经济学哲学手稿》，人民出版社2000年版，第55页。
② 《马克思恩格斯全集》第46卷（下），人民出版社1980年版，第36页。
③ 参见〔英〕肖恩·塞尔斯著，高雯君译：《马克思〈1844年经济学哲学手稿〉中的"异化劳动"概念》，《当代国外马克思主义评论》2008年第1期。

二 《1844年经济学哲学手稿》的主要内容与基本观点

马克思并未放弃异化概念，但这一概念只有在唯物史观的基础上才能得到正确的理解和说明。在唯物史观的基础上，"历史评价和道德评价这两个维度却是可以结合在一起的。前者不能取代后者，后者也不能取代前者"①。根据塞尔斯的分析，异化并非是一个令人满意的或是最后的状态，但异化绝非一个纯粹否定性的概念。异化并不像道德性解释所表明的那样，仅仅意味着对于人类的可能性的纯粹否定。相反，异化是人类发展过程中的必不可少的阶段。②也就是说，异化是人类社会历史发展的一个必经阶段。这是一个不可逆的自然规律，不经历这个阶段，人类将不可能进步到新的更高阶段。因此，塞尔斯分析指出，异化作为人类发展过程中的必然阶段，它不仅仅是纯粹否定性的现象。对于异化的评判，不应按照诉诸于道德观点的普遍的和非历史的标准来进行，而应以按照相对的和历史的方法来评估③。譬如说，当时曾有人认为，马克思的剩余价值理论证明了资本家无偿占有工人的剩余劳动是"不合理的"。对此，在《评阿·瓦格纳的〈政治经济学教科书〉》这篇文章中，马克思曾给予了严厉的批评。他写道："这个蠢汉偷偷地塞给我这样一个论断：'只是由工人生产的剩余价值不合理地为资本主义企业主所得'。然而我的论断完全相反：商品生产发展到一定时候，必然成为'资本主义'商品生产，按照商品生产中占统治地位的价值规律，'剩余价值'归资本家，而不归工人。"④就此

---

① 俞吾金：《从"道德评价优先"到"历史评价优先"——马克思异化理论发展中的视角转换》，《中国社会科学》2003年第2期。
② 参见〔英〕肖恩·塞尔斯著，高雯君译：《马克思〈1844年经济学哲学手稿〉中的"异化劳动"概念》，《当代国外马克思主义评论》2008年第1期。
③ 参见〔英〕肖恩·塞尔斯著，高雯君译：《马克思〈1844年经济学哲学手稿〉中的"异化劳动"概念》，《当代国外马克思主义评论》2008年第1期。
④ 《马克思恩格斯全集》第19卷，人民出版社1963年版，第428页。

而论,作为推动社会生产力发展的资本主义制度就被看作是社会历史发展不可逾越的阶段,因而也就不能简单地把资本主义看作是一种异化制度,看作是不合理、不公平、不道德的制度进而把它统统扔掉,而应当肯定它存在的规律性。从这个意义上讲,雇佣劳动也很难被简单地定性为"异化劳动"了。

在《手稿》中,人同人的异化实际上所表征的正是私有制条件下社会中的阶级分化状态。异化劳动所造成的严重后果就是社会的两极分化:一极是资本家的奢侈,另一极则是工人的赤贫。劳动产品不属于工人,只因为它属于资本家;劳动活动给工人带来了痛苦,但却给资本家带来了享受。马克思认为,在资本主义社会里人同人相异化,这是异化劳动在人的现实社会关系中的必然表现。正是通过异化劳动,形成了工人与资本家之间异己的、对立的压迫与被压迫的关系,形成了工人丧失掉自己的产品而资本家却支配和占有他人产品的资本主义私有财产关系。

实际上,在资本主义制度中,所谓人和人的异化,不是指别的,就是指资本主义社会真实的经济关系必然归结为剥削者和被剥削者之间的关系,资本主义社会"必然分化为两个阶级,即有产者阶级和没有财产的工人阶级"[①],最终引起两大阶级的对抗。关于这种对抗,马克思和恩格斯在随后的《神圣家族》一书中做了进一步的描述和分析。他们明确指出:"有产阶级和无产阶级同是人的自我异化。但有产阶级在这种自我异化中感到自己是被满足的和被巩固的,它把这种异化看做自身强大的证明,并在这种异化中获得人的生存的外观。而无产

[①] 《马克思恩格斯全集》第42卷,人民出版社1979年版,第89页。

二 《1844年经济学哲学手稿》的主要内容与基本观点

阶级在这种异化中则感到自己是被毁灭的,并在其中看到自己的无力和非人的生存的现实。这个阶级,用黑格尔的话来说,就是在被唾弃的状况下对这种状况的愤慨,这个阶级之所以必然产生这种愤慨,是由于它的人类本性和它那种公开地、断然地、全面地否定这种本性的生活状况相矛盾。"[①] 因此,恩格斯概括指出:"现代社会主义力图实现的变革,简言之,就是无产阶级战胜资产阶级,以及通过消灭一切阶级差别来建立新的阶级组织。为此不但需要有能实现这个变革的无产阶级,而且还需要有使社会生产力发展到能够彻底消灭阶级差别的资产阶级……资产阶级正如无产阶级本身一样,也是社会主义革命的一个必要的先决条件。"[②]

需要强调的一点是,马克思和资产阶级经济学家不同,他已经明确认识到,在生产中,人和物的关系实质上反映的是人和人的社会经济关系以及被物的关系掩盖着的人和人的经济关系,这才是客观的、现实存在的资本主义关系的事实。所以,马克思认为,他关于异化劳动的这些论述使至今没有解决的各种矛盾立刻变得更加明朗了,也使被资产阶级国民经济学掩盖、遮蔽的市民社会的现实矛盾和问题得到了明确的解答。也就是说,物与物之间的看似独立于人的市场运作法则,实际上是生产者之间的异化了的社会关系。

综上所述,马克思详细分析并阐述了异化劳动理论的四重规定性。那么,异化劳动的四重规定性之间到底是一种什么样的关系呢?总体而言,异化劳动的四重规定性并不是平行、并列的关系,而是在

---

① 《马克思恩格斯全集》第2卷,人民出版社1957年版,第44页。
② 《马克思恩格斯选集》第3卷,人民出版社1995年版,第272—273页。

思想内容上层层深入、在逻辑关系上环环相扣的关系：异化劳动的第一个表现是对直接的经济事实的现象描述；异化劳动的第二个表现是对前一个表现中起决定性作用的要素的进一步深入挖掘；异化劳动的第三个表现是在前两个表现的基础上的一个新的拓展和推论；异化劳动的第四个表现作为一个总的自然的结果，揭示了异化现象背后的本质所在。简言之，在马克思的异化劳动思想中，异化劳动的第一、二两种表现涉及的是基本的经济事实，第三、四两种表现讲的则是人的本质的异化，而马克思着重强调的则是异化劳动是人的本质的异化。

（4）异化劳动与私有财产的关系。在《手稿》中论述异化劳动理论时，作为最基本的一点，马克思指出了异化劳动和私有财产的关系问题。马克思认为，起初，异化劳动和私有财产是因果关系，即异化劳动是原因，私有财产是结果。但后来，两者就变成了相互作用的关系。马克思指出："私有财产只有发展到最后的、最高的阶段，它的这个秘密才重新暴露出来，就是说，私有财产一方面，是外化劳动的产物，另一方面又是劳动借以外化的手段，是这一外化的实现。"[①]如果说马克思从异化劳动引申出私有财产的概念多少还带有一些思辨色彩的话，那么，他强调两者后来的相互作用的关系并借此探索资本主义的矛盾就已经触及了现实的资本主义关系。从根本上而言，在资本主义条件下，工人的异化劳动生产并支撑着资本家的私有财产，没有工人及其备受折磨的劳动和不受工人支配的劳动产品即异化劳动，就没有资本家及其私有财产；反过来，当资本家拥有了更多的私有财产之后，为了维护私有财产的现有主宰和统治地位，他们必然会进一步

[①] 〔德〕马克思：《1844年经济学哲学手稿》，人民出版社2000年版，第61页。

二 《1844年经济学哲学手稿》的主要内容与基本观点

强化和固化其赖以产生的异化劳动。更为重要的是,马克思写道,政治经济学的一切范畴诸如商业、竞争、资本、货币等不过是异化劳动和私有财产这两个概念的"展开了的表现"①,很显然,马克思在这里已经以萌芽形式指出了政治经济学研究的对象是生产关系。

因此,在《手稿》中,在笔记本Ⅰ的最后部分,在对异化劳动的考察行将结束之时,马克思说:"现在要问,人怎么使他的劳动外化、异化?这种异化又怎么以人的发展的本质为根据?我们把私有财产的起源问题变为外化劳动对人类发展进程的关系问题,就已经为解决这一任务得到了许多东西。因为人们谈到私有财产时,认为他们谈论的是人之外的东西。而人们谈到劳动时,则认为是直接谈到人本身。问题的这种新的提法本身就已包含问题的解决。"②

尽管如此,实事求是地讲,在《手稿》中,马克思还没有明确解答异化劳动与私有财产之间的关系问题。这一时期,马克思对于异化劳动和私有财产的关系的认识还并不是十分明确,尚带有一种循环论证的痕迹。譬如,他认为,私有财产是外化劳动,即工人对自然界和对自身的外在关系的产物、结果和必然后果,并认为是从外化劳动、异化劳动这一概念得出私有财产概念的。同时,他紧接着又指出,对这一概念的分析表明,尽管私有财产表现为外化劳动的根据和原因,但确切地说,它是外化劳动的后果。至于异化劳动如何导致私有财产产生以及异化劳动本身又如何产生,马克思在《手稿》中尚未最后予以解决。当然,这一谜团在紧随其后的《德意志意识形态》这部著作

---

① 《马克思恩格斯全集》第42卷,人民出版社1979年版,第101页。
② 〔德〕马克思:《1844年经济学哲学手稿》,人民出版社2000年版,第63页。

中得到了更为清楚的规定和解答，即造成异化劳动的原因是"分工"，更准确的是"自发分工"。马克思说："分工从最初起就包含着劳动条件、劳动工具和材料的分配，因而也包含着积累起来的资本在各个私有者之间的劈分，从而也包含着资本和劳动之间的分裂以及所有制本身的各种不同的形式。分工愈发达，积累愈增加，这种分裂也就愈剧烈。劳动本身只有在这种分裂的条件下才能存在。"[①] 所以，"只要分工还不是出于自愿，而是自发的，那么人本身的活动对人来说就成为一种异己的、与他对立的力量，这种力量驱使着人，而不是人驾驭着这种力量"[②]。可见，马克思关于"分工"的探讨为已经发现的历史规律提供了一条认识线索。他进一步指出，分工是私有制的同义语，二者讲的是同一件事情，也就是说，"其实，分工和私有制是相等的表达方式，对同一件事情，一个是就活动而言，另一个是就活动的产品而言"[③]。应该说，问题的这样一种新的提法本身就已包含着问题的解决路径。

总之，马克思通过对异化劳动的剖析，批判了资本主义社会非人道、反科学的一面，揭露了资本主义社会中资本与劳动、资本家与工人、资产阶级与工人阶级之间不可调和的对立，阐明了私有财产的存在必然造成异化劳动，因而必然给工人阶级和整个人类带来灾难性的后果。因此，只有扬弃私有财产进而消灭异化劳动，才能使社会从私有财产的统治下解放出来。而只有使工人从异化劳动中解放出来，才能最终实现普遍的人的解放。马克思指出："从异化劳动对私有财产

[①] 《马克思恩格斯全集》第3卷，人民出版社1960年版，第74—75页。
[②] 《马克思恩格斯全集》第3卷，人民出版社1960年版，第37页。
[③] 〔德〕马克思、恩格斯：《德意志意识形态（节选本）》，人民出版社2003年版，第28页。

二　《1844年经济学哲学手稿》的主要内容与基本观点

的关系可以进一步得出这样的结论：社会从私有财产等等解放出来、从奴役制解放出来，是通过工人解放这种政治形式来表现的，这并不是因为这里涉及的仅仅是工人的解放，而是因为工人的解放还包含普遍的人的解放；其所以如此，是因为整个的人类奴役制就包含在工人对生产的关系中，而一切奴役关系只不过是这种关系的变形和后果罢了。"①很显然，马克思在这里通过对资本主义社会的异化劳动的经济分析获得了实现人的解放的共产主义命题。

在马克思看来，"要扬弃私有财产的思想，有思想上的共产主义就完全够了。而要扬弃现实的私有财产，则必须有现实的共产主义行动"②。很显然，马克思在这里已经初步提出了他的共产主义理论。从某种意义上讲，马克思关于资本主义社会的异化劳动以及由异化劳动造成的非人现实和人的类本质的丧失的研究，揭示了其共产主义理论赖以产生的现实基础和社会背景。事实上，有关人的本质的异化的重要性，在随后马克思关于共产主义的论述思想中也可以看得很清楚。

2.共产主义理论

在《手稿》中，马克思借助于异化劳动理论，首次从哲学上证明了消灭异化劳动、扬弃私有财产从而实现人的解放即共产主义的历史必然性。涂尔干深刻指出，"共产主义"概念似乎已为我们所熟知，但是由于这个概念被任意使用，因此，共产主义实际上"在我们心中唤起的只是含混不清的概念，模糊的印象、偏见和情绪交织在一

---

① 〔德〕马克思：《1844年经济学哲学手稿》，人民出版社2000年版，第62—63页。
② 〔德〕马克思：《1844年经济学哲学手稿》，人民出版社2000年版，第128页。

起"①。因此,要考察马克思的共产主义理论,我们就先从"共产主义"这个基本概念说起吧。

（1）"共产主义"概念。从词源学的角度看,"共产主义"源于古拉丁文communis,为"公共、公有"之意。大概在19世纪三四十年代,"共产主义"一词的英文communism、法文communisme便开始出现在西欧的一些报刊上(据考证,"共产主义"一词最早产生于1834—1839年间巴黎的秘密革命团体之中),并且在当时很快成为一种颇具影响力的社会思潮,特别是在英、法等国空前活跃,且在工人中广为流传。实际上,在马克思的故乡德国,哲学共产主义也已经成为当时影响广泛的一股重要的社会思潮。根据恩格斯的分析,共产主义是德国人从自己的哲学中得出的必然结论。他指出:"德意志民族在哲学上所做的一切努力,要么毫无裨益——其实比毫无裨益更坏,要么一切努力的结果应该是共产主义;德国人要么抛弃他们曾把其名字奉为本民族的光荣的那些伟大的哲学家,要么就得接受共产主义。"他接着说:"德国人是一个从不重利益的民族;在德国,当原则和利益发生冲突的时候,原则几乎总是使利益的要求沉默下来。对抽象原则的偏好,对现实和私利的偏废,使德国人在政治上毫无建树;正是上述这些品质保证了哲学共产主义在这个国家的胜利。"②从马克思主义的文献中我们可以看到,当时,马克思已经具备了共产主义思想:他赞同德国哲学共产主义对资本主义社会人的异化的谴责,赞同他们对人的自由、解放的追求(集中体现在《德法年鉴》的两篇文章即

---

① 转引自〔英〕吉登斯著,郭忠华、潘华凌译:《资本主义与现代社会理论——对马克思、涂尔干和韦伯著作的分析》,上海译文出版社2007年版,第104页。
② 《马克思恩格斯全集》第3卷,人民出版社2002年版,第492—493页。

二 《1844年经济学哲学手稿》的主要内容与基本观点

《论犹太人问题》《〈黑格尔法哲学批判〉导言》之中），但是，他不满意这些哲学家们满嘴大话，不知脚踏实地，以为靠他们的哲学就可以扭转乾坤的空想，以为靠他们震撼世界的词句就可以改变世界（关于这一点，也可详见马克思、恩格斯合著的《德意志意识形态》）。总体上看，德国的哲学共产主义者强调人的解放、人的自由，但是，他们过度夸大哲学批判的作用，而缺少对实现共产主义现实途径的认识和探索。

客观地讲，马克思对于共产主义的认识和理解也有一个变化的过程。

在1842—1843年的《莱茵报》工作时期，马克思最早接触到了共产主义。可以肯定地说，马克思当时对于英法共产主义文献还不是很熟悉，对共产主义问题也还没有深切的认识和深入的研究。尽管如此，作为一个革命民主主义者，马克思仍然积极参加了有关共产主义问题的论战，并严肃认真地发表了自己的意见。他认为："'莱茵报'甚至在理论上都不承认现有形式的共产主义思想的现实性，因此，就更不会期望在实际上去实现它，甚至都不认为这种实现是可能的事情。'莱茵报'彻底批判了这种思想。"[1] 1842年10月，他在《共产主义和奥格斯堡"总汇报"》一文中指出，共产主义在英国和法国已成为引人注目的事实，它在欧洲具有普遍意义。尽管马克思并不赞同当时流行的种种空想社会主义、共产主义学说，但是，他明确指出，只有在"不断的、深入的研究"之后才能对这些学说加以批判。1859年，马克思在回顾反映他研究政治经济学经过的著作《〈政治经济学批判〉序言》中，

---

[1] 《马克思恩格斯全集》第1卷，人民出版社1956年版，第133页。

《1844年经济学哲学手稿》导读

坦陈道:"在善良的'前进'愿望大大超过实际知识的当时,在《莱茵报》上可以听到法国社会主义和共产主义的带着微弱哲学色彩的回声。我曾表示反对这种肤浅言论,但是同时在和《奥格斯堡总汇报》的一次争论中坦率承认,我以往的研究还不容许我对法兰西思潮的内容本身妄加评判。"[1]因此,他同时强调,重要的问题不是像某些空想社会主义者那样去搞"共产主义思想的实际试验,而是对它的理论论证。"[2]这是马克思对共产主义态度的初次表述,也是他研究共产主义的开端。在这里,马克思既肯定了共产主义是一个重大问题,又认为关键在于理论上的解决,这表明了马克思对于共产主义问题的科学态度。实际上,马克思治学从来都是非常严谨的,只要他觉得在某一领域还有一本重要的著作没有阅读之前,从来都不会轻易下笔。

在《手稿》中,马克思对共产主义的论证进一步得到了深化。到达巴黎之后,马克思积极投身于理论研究和工人运动:一方面,马克思批判地研究了大量的空想社会主义的著作;另一方面,马克思又实际地接触了具有浓厚空想社会主义色彩的法国工人运动。通过这两方面的考察,马克思深刻地认识到建立一种科学的社会主义理论的重要性和必要性。因此,在《手稿》中,马克思所提到的"共产主义",有些是指非科学的共产主义或作为批判对象的共产主义,这些主要是指以往的、空想共产主义,但更多都是从正面意义上使用的,其中不少还是马克思关于共产主义基本原理的创造性阐释或规定。因而,我们在研究《手稿》中的共产主义问题时要具体地加以分析,以便准确

---

[1] 《马克思恩格斯选集》第2卷,人民出版社1995年版,第32页。
[2] 《马克思恩格斯全集》第1卷,人民出版社1956年版,第134页。

二 《1844年经济学哲学手稿》的主要内容与基本观点

地领会《手稿》中马克思的共产主义理论的精神实质和真实含义。

客观地讲,基于此前在理论和实践两方面的准备,《手稿》在探讨共产主义方面取得了新的显著的进展。而这种进展首先是通过批判各种空想的社会主义和共产主义思潮来阐发的。马克思在《手稿》中主要分析了空想共产主义最初的几种形式:"粗陋的共产主义""按政治性质是民主的或专制的"共产主义以及"是废除国家的,但同时是尚未完成的,并且仍然处于私有财产即人的异化影响下"的共产主义。这几种空想共产主义尽管形式不同、观点各异,但都有其共同特征,即它们都主张私有财产关系的"普遍化和完成",也即不是消灭私有财产的主体本质,而是把私有财产当作客体、物来对待,并通过绝对平均地分配私有财产来反对个别的私有财产,使人人都成为私有者。这种特征在"粗陋的共产主义"中表现得最为明显。

(2)马克思对"粗陋的共产主义"的批判。这里所说的粗陋共产主义是在当时颇为流行的一种空想社会主义派别。从其表现形态来看,粗陋共产主义主张,一是以占有物质财富为唯一目的,二是绝对平均化欲望,因而也有人将这种粗陋的共产主义称为露骨的、粗俗的、忌妒的、绝对平均的共产主义。尽管马克思在《手稿》中并没有指明他所批判的"粗陋的共产主义"究竟是哪些具体的思想派别,也没有指名道姓地指出批判的对象是谁,但是根据他所批判的具体观点来看,经过查阅资料和分析相关内容,马克思所批判的"粗陋的共产主义"大概主要是指两部分人:一部分人是指法国18世纪末资产阶级革命的参加者、追随者,农民起义的领袖巴贝夫及其拥护者;另一部分人则是指当时影响较大的法国的卡贝、德国的魏特林等人。在

《手稿》中，马克思对这种粗陋的共产主义的主张和观点的批判最为集中也最为严厉，具体体现在以下几个方面：

首先，粗陋的共产主义要求废除私有财产的不平等，以铲除社会上的富有和贫穷的对峙。应该说，他们看到了资本主义社会中的贫富两极对抗和不平等，但是他们却没有找到从根本上解决问题的出路。这一点从他们的主张中就可以清楚地看到：他们主张在保护私有制的基础上，重新分配和绝对平均地占有全部社会财富。他们宣扬现行财富占有和分配上的不平等，是由于昔日的特权、才华、机遇等的不平等所造成的。因此，他们提出要重新分配、拉平补齐，认为这就是真正的"共产"！可在马克思看来，他们所提出的否定私有财产实际上不过是私有财产关系的普遍化和完成。因为这种共产主义不愿意也根本不可能去废除私有财产，它所要求的只是平均主义的私人占有而已。

其次，粗陋的共产主义把公有制仅仅理解为物质财富在所有社会成员中的平均分配。进而提出对不能当作私有财产加以分配的东西都应统统抛弃、消灭，例如人的天赋、才能、个性、知识等。由于不能被所有人平均占有，因此他们就主张统统毁掉，其结果就是自己得不到的也要想方设法让别人得不到。比如，我不能上大学，你和他当然也不应该上大学；我不能吃肉，你和他当然也不能吃肉……这种主张在以巴贝夫为代表的平均主义派和人道派的学说中俯拾皆是。巴贝夫本人认为，人和人之间除了年龄和性别的自然差别外，应该是没有任何差别的绝对的平等的存在状态，劳动产品"必须均等分配"。这种愿望是美好的，但在现实中却是十分幼稚且有害的。尽管巴贝夫本

二 《1844年经济学哲学手稿》的主要内容与基本观点

人对科学技术和文化艺术十分重视，但在其学派内部，却有一部分人对之采取了完全否定的态度。恩格斯曾这样评价道："平均主义派和大革命时期的巴贝夫派一样，都是一些相当'粗暴的人'。他们想把世界变成工人的公社，把文明中间一切精致的东西——科学、美术等等，都当作有害的危险的东西，当作贵族式的奢侈品来消灭掉；这是一种偏见，是他们完全不懂历史和政治经济学的必然结果。"[①]

因此，根据粗陋共产主义绝对平均的天真设想，最后的结果是：宁愿大家一起贫困，也不愿他人致富。对此，马克思尖锐地指出，粗陋的共产主义不过是这种嫉妒和这种从想象的最低限度出发的平均化的顶点。它具有一个特定的、有限的尺度。对整个文化和文明的世界的抽象否定，向贫穷的、没有需求的人——他不仅没有超越私有财产的水平，甚至从来没有达到私有财产的水平——的非自然的单纯倒退，恰恰证明私有财产的这种扬弃决不是真正的占有。因此，这是一种典型的忌妒心理和绝对平均欲望在作祟，是农民、手工业者狭隘思想在早期工人运动中的影响和流露。这种情况表明：粗陋的空想共产主义只是无产阶级本能的反映，是同当时"刚刚参加到运动中来的无产者的尚未成熟的意识是完全符合的"[②]。实际上，新中国成立初期的"大锅饭""穷过渡""跑步进入共产主义"的现象就是这种"粗陋的社会主义"在中国社会中的变形。针对种种对于社会主义的偏见和误解，邓小平总结指出，我们冷静地分析了中国的现实，总结了经验，肯定了从新中国成立到1978年30年的成绩很大，但做的事情不能说

[①] 《马克思恩格斯全集》第1卷，人民出版社1956年版，第580页。
[②] 《马克思恩格斯全集》第3卷，人民出版社1960年版，第543页。

都是成功的。我们建立的社会主义制度是个好制度，必须坚持。我们马克思主义者过去闹革命，就是为社会主义、共产主义崇高理想而奋斗。现在我们搞经济改革，仍然要坚持社会主义道路，坚持共产主义远大理想，年青一代尤其要懂得这一点。但问题是什么是社会主义，如何建设社会主义。我们的经验教训有许多条，最重要的一条，就是要搞清楚这个问题。在邓小平看来，贫穷不是社会主义，共同贫穷就更不是社会主义了，只有共同富裕才是社会主义。

最后，粗陋的共产主义赤裸裸地主张"公妻制"。很显然，这种观点暴露了这个完全粗陋的、无思想的共产主义昭然若揭的秘密。马克思严厉地批判了这种荒谬绝伦的主张。他指出："把妇女当作共同淫欲的掳获物和婢女来对待，这表现了人在对待自身方面的无限的退化。"[①] 在此，马克思还提出了从男人对待妇女的关系就"可以判断人的整个文化教养程度"这一著名论断。当然，在今天，我们已经深深地认识到，妇女的地位直接反映着一个国家的进步和文明程度。

后来，在《共产党宣言》中，马克思和恩格斯对于社会主义和共产主义运动中"粗陋的平均主义"和"粗陋的共产主义"思潮进一步给予了严厉批判。在马克思看来，资本主义的灭亡和社会主义的胜利是一个历史的必然过程，任何不顾客观条件的理论和实践都是错误和有害的，都是对历史的反动。《共产党宣言》批评空想社会主义者是一些"体系的发明家"，他们"不可能看到无产阶级解放的物质条件"，只能人为地去"创造这些条件"[②]。这就使得空想社会主义和共产主

---

① 〔德〕马克思：《1844年经济学哲学手稿》，人民出版社2000年版，第80页。
② 《马克思恩格斯选集》第1卷，人民出版社1995年版，第303页。

二 《1844年经济学哲学手稿》的主要内容与基本观点

者陷入了非常荒谬的境地。马克思进一步批评道:"社会的活动要由他们个人的发明活动来代替,解放的历史条件要由幻想的条件代替,无产阶级的逐步组织成为阶级要由一种特意设计出来的社会组织来代替。在他们看来,今后的世界历史不过是宣传和实施他们的社会计划。"① 实际上,在马克思和恩格斯的著作中,不仅有这种粗陋的平均主义的提法,而且还有批判"粗陋的共产主义"的思想。马克思、恩格斯要强调的是,共产主义制度和公有制不是一种主观任意的发明创造,而是资本主义生产力和生产方式高度发展的结果。如果只是依靠宣传机器的推动从而实施一种主观构造的制度设想,就会违背历史的自然规律,成为一种粗陋的共产主义。事实上,国内理论界对于马克思、恩格斯的这个思想长期缺乏高度重视和深入研究,这也致使我们在社会主义的实践中曾经一度走上弯路、邪路甚至死路。

(3)对"真正的共产主义"的批判。在《手稿》中,"真正的共产主义"主要是指还具有政治性质,是民主的或专制的;是废除国家的,但同时是还未完成的,总还是处于私有财产即人的异化的影响下的共产主义。尽管这种共产主义已经认识到共产主义是人向自身的还原或复归,是人的自我异化的积极扬弃,但是,他们不了解私有财产的本质,还受其束缚和羁绊。客观地讲,在《手稿》中,马克思对于这种形式的共产主义谈得较为简略。在批判的过程中,马克思同样没有点名,这一点曾引起人们的种种猜测。但依据现有相关材料,学界大多数认为,这种形式的共产主义实际上就是19世纪中叶才开始流行起来的那种自称为"真正的共产主义"的新派别,它属于晚期的德

---

① 《马克思恩格斯选集》第1卷,人民出版社1995年版,第303页。

国空想社会主义的一个派别，而且是同马克思和恩格斯有着密切关系的友人、同路人赫斯和格律恩所创立的一个派别。不仅《手稿》中没有点名批判，马克思和恩格斯在《共产党宣言》中对这一派别所进行的毁灭性的批判也只是提到了格律恩。尽管如此，《手稿》也可以看作对当时在德国已经抬头并危及德国工人运动的"真正的共产主义"思潮的有力回击。

总的来看，无论是"粗陋的共产主义"抑或"真正的共产主义"，其都属于空想社会主义的范畴，且它们都看到了劳动和资本的尖锐对立，看到了资本主义的问题所在，但却没能找到破解资本主义问题的现实出路。根据列宁的分析，"最初的社会主义是空想社会主义。这种社会主义批判资本主义社会，谴责它，咒骂它，幻想消灭它，臆想较好的制度，劝富人相信剥削是不道德的"，但是，"空想社会主义没有能够指出真正的出路。它既不会阐明资本主义制度下雇佣奴隶制的本质，又不会发现资本主义发展的规律，也不会找到能够成为新社会的创造者的社会力量"[①]。空想社会主义没走的一步，终究是有人要走的。所以，空想社会主义没有也不可能完成的任务就历史性地落到了马克思的身上。

（4）马克思的共产主义观。在《手稿》笔记本Ⅲ的私有财产和共产主义部分，马克思在批判地考察了粗陋的共产主义等错误思潮之后，对自己的共产主义理论作了全面的阐述："共产主义是私有财产即人的自我异化的积极的扬弃，因而是通过人并且为了人而对人的本质的真正占有；因此，它是人向自身、向社会的（即人的）人的复归，

---

① 《列宁选集》第2卷，人民出版社1995年版，第313页。

二　《1844年经济学哲学手稿》的主要内容与基本观点

这种复归是完全的、自觉的而且保存了以往发展的全部财富的。这种共产主义，作为完成了的自然主义，等于人道主义，而作为完成了的人道主义，等于自然主义，它是人和自然界之间、人和人之间的矛盾的真正解决，是存在和本质、对象化和自我确证、自由和必然、个体和类之间的斗争的真正解决。它是历史之谜的解答，而且知道自己就是这种解答。"[1]为了更为准确地把握和理解马克思的共产主义理论，我们可以从上述这一大段引文中进一步概括、提炼出如下观点：

第一，共产主义是人本身的解放。共产主义是对私有财产的积极扬弃，而所谓"对私有财产的积极的扬弃，就是说，为了人并且通过人对人的本质和人的生命、对象性的人和人的作品的感性的占有"[2]。在马克思看来，私有财产是人的自我异化的感性的、物质的表现，因此，对私有财产的积极扬弃，就意味着"人的一切感觉和特性的彻底解放"[3]。

人的一切感觉和特性的彻底解放意味着人本身的解放。在这里，人的一切感觉包括人的五官感觉、精神感觉和实践感觉。进一步而言，人的一切个体器官以及人对世界的任何一种人的关系，即视觉、听觉、嗅觉、味觉、触觉、思维、直观、感觉、愿望、活动、爱等，都不再受到私有财产或异化劳动的局限和束缚，而是通过自身同对象的真正的人的关系而占有对象。例如，具有音乐感的耳朵、能感受形式美的眼睛等。人的规定性以及人同对象的关系不再使人自身失去现实性，也不再使人自身的劳动及其成果变成反对他自己的异己的

---

[1] 〔德〕马克思：《1844年经济学哲学手稿》，人民出版社2000年版，第81页。
[2] 〔德〕马克思：《1844年经济学哲学手稿》，人民出版社2000年版，第85页。
[3] 〔德〕马克思：《1844年经济学哲学手稿》，人民出版社2000年版，第84—85页。

力量，而是人的现实性的实现。马克思进一步解释道，之所以说对私有财产的积极扬弃意味着人的一切感觉和特性的彻底解放，恰恰是因为这些感觉和特性无论是在主体上还是在客体上都成为了人的部分，比如说，眼睛成为人的眼睛，耳朵成为人的耳朵。不言而喻，人的眼睛与野性的、非人的眼睛得到的享受不同，人的耳朵与野性的耳朵得到的享受也不同，如此等等。

人的一切感觉和特性的彻底解放，不仅使对象成为了人的对象，而且使人成为了对象化的人。这时候，对象对人的意义的生成，就不仅仅取决于对象本身的性质，而且取决于作为主体的人的感觉及其特性所及的程度。比如说，只有音乐才能激起人的音乐感，但是，对于没有音乐感的耳朵来说，最美的音乐也毫无意义。同理，对于没有形式美的眼睛来说，最美的图画也毫无意义；对于一个饥肠辘辘、忧心忡忡的、贫穷的人来说，最美丽的景色都没有什么感觉。经营矿物的商人只会看到矿物的商业价值，而看不到矿物的美和独特性，因为他没有矿物学的感觉。

从人的存在及其解放的角度看，"品位"意识意味着人的生命意义的彰显，意味着人对精神生活的自觉地认同和追求。如果说"没有音乐感的耳朵"是与没有品位的精神生活直接联系在一起的，那么即可以认为，"有音乐感的耳朵"则是与有品位的精神生活直接联系在一起的，是人之为人的重要维度之一。实际上，人不同于其他动物并高于其他动物的地方就在于人的生命不是一个维度，而是两个维度。诚然，人与其他动物一样，也要吃、喝、拉、撒、睡，但是，对于其他动物而言，这是其生命活动的全部，对人而言，这些只是人的生命活动的一个向度，而且是最低层次的向度，远非人活着的最高目的。人的生命的第二个维度也即更高层次就是向精神意义世界的延伸。追求有品位的生活，这里所说的"品位"主要不在吃、喝、拉、撒、睡上，而在丰富的精神意义生活上。

第二，共产主义是对人的本质的真正占有。这与马克思对异化劳动的规定有着密切的关系，应该说，共产主义理论是异化劳动理论的合乎逻辑的展开。马克思认为，共产主义是通过人并且为了人而对人的本质的真正占有。在这里，我们必须首先搞清楚什么是通过人、什么是为了人和什么是对人的本质的真正占有。所谓"通过人"，就是说，共产主义的实现并不是单纯通过对"物"特别是对私有财产这种异化形态的物的扬弃可以获得的，而是要通过对异化了的人本身所具有的异化性质的扬弃才能得到。所谓"为了人"，就是说，共产主义不是单纯为了占有物，占有对象形态的财富，而是为了人本身的解放。所谓"对人的本质的真正占有"，在马克思看来，"不应当仅仅被理解为直接的、片面的享受，不应当仅仅被理解为占有、拥有"。相反，"人以一种全面的方式，就是说，作为一个总体的人，占有自己的全面的本质"[①]。这段论述可以看作是马克思对"人的全面发展"这一概念的一个经典定义。因为在这个定义中，主体与客体、人与自然达到了完美的统一。从主体上说，共产主义的人不再是一种异己的、不被当作人看的对象，而是一个完整的、全面占有自己丰富的本质规定的人。因为只有共产主义"创造着具有人的本质的这种全部丰富性的人，创造着具有丰富的、全面而深刻的

[①] 〔德〕马克思：《1844年经济学哲学手稿》，人民出版社2000年版，第85页。

感觉的人。"在此值得一提的是波兰著名哲学家A.沙夫关于马克思"人的全面发展"的深刻洞见。他指出，马克思人的全面发展理论是正确理解马克思主义的人道主义与异化理论、马克思主义哲学乃至整个马克思主义的真正钥匙。他认为，马克思主义关于人的全面发展的观点既是一种观念，更是一种观察分析人与社会的方法，这种观念和方法在当今世界具有特别重要的意义：一是可以用它来评判现代资本主义，二是可以用它来重新界定社会主义的本质，三是可以用它来作为社会发展目标来赢得人民的支持[①]。毋庸讳言，沙夫的这些观点很有见地。

共产主义对人的本质的占有是全面的、彻底的，是人的本质向人自身的全面复归。共产主义不是片面地从物的占有或拥有，即不是在物的纯粹的有用性上理解人的本质的，因为这样实际上是一种利己主义，是人的本质的丧失和对人的本质的歪曲。相反，共产主义是从人的高度来理解人同物的关系的。在这种关系中，它把物的属性同人的需要和本性联系起来，然后通过实践，按人自己的需要实际地掌握和占有物，使之符合人的需要、体现人的本质。也就是说，共产主义的目的是人本身。在马克思看来，共产主义消灭私有财产将使人的丰富本质得到实现。社会性是人的本质特征，私有财产的存在使它丧失，共产主义则是人的社会性的复归即人向自身、向社会的（即人的）人的复归。吉登斯分析指出："复归人类生存的社会性质是马克思共产主义信念中不可或缺的部分"，未来的共产主义社会就"建立在个人

[①] 参见陈学明、马拥军：《走进马克思——苏东剧变后西方四大思想家的思想轨迹》，东方出版社2002年版，第495页。

二 《1844年经济学哲学手稿》的主要内容与基本观点

与社会共同体之间相互依存关系的清醒认识基础之上",这种相互依存关系就体现为,"只有在社会共同体中,通过使用集体生产的劳动成果,人才能实现其个性化的存在。"[1]国内也有学者明确指出,《手稿》中关于人的本质的异化到复归的历史观是马克思真正的经典思想,"集中反映了马克思恩格斯对共产主义的理解,堪称经典,其中的思想贯穿马克思恩格斯的一生",并明确指出"共产主义最主要的特征是人的本质向人自身的复归,这是异化的扬弃,是人道主义的实现,它的目的是人"。[2]

在马克思看来,共产主义本来是人展示并占有自己的全面本质的。但是,私有财产的存在使人的本质的丰富性丧失了。正如马克思所分析指出的那样,私有制使我们变得如此愚蠢而片面,以致一个对象,只有当它为我们所拥有的时候,或者说,当它被我们直接占有或使用的时候,被我们吃、喝、住、穿等的时候,才是我们的。很显然,在人对物的这种占有、拥有、使用、支配关系中,人把物作为可利用、可计算的客体对象来对待。这样看起来人是够主体的,但是由于主客关系固有的辩证法,人以这样的方式对待物,反过来会导致物对人的统治,把人贬低为客体和物。因此,在这种情况下,人对物的占有或拥有反而意味着人的自我丧失,也就是自我异化。

很显然,马克思所批判的正是一种现代性的物化生存方式,这对于今天我们反思自身的生存状况仍具有重要启示意义。人生在世,当

---

[1] 〔英〕吉登斯著,郭忠华、潘华凌译:《资本主义与现代社会理论——对马克思、涂尔干和韦伯著作的分析》,上海译文出版社2007年版,第21页。
[2] 安启念:《和谐马克思主义:一个被长期遮蔽的视域》,《中国人民大学学报》2006年第3期。

我们的生活被一种狭隘的、片面的对物的占有欲所充斥的时候，人的"动物机能"就会吞噬人的"人的机能"，我们的生存本质上也就异化了：当身处于喧嚣急躁的社会之中的时候，我们更多的则是对金钱、财富、权力的追逐，并用以确证自身的存在与价值，而似乎忘记了对人自身的个性、能力、修养、内心的培育和观照。事实上，后者对人来说是更为重要的。

第三，共产主义是对人类所创造的全部财富的保存。强调这一点，旨在说明共产主义的实现本身是有其经济基础的，它是以人类的全部财富为支撑的，而不是空洞无物的。马克思指出，共产主义是人向自身、向社会的（即人的）人的复归，这种复归是完全的、自觉的而且保存了以往发展的全部财富的。也就是说，共产主义的复归不是对整个人类文明的否定，而是一种人类自身的辩证发展，是对以往全部成就的保留，并为人类文明的丰富发展开辟了广阔道路，从而实现了人类的彻底解放。因此，在马克思看来，"共产主义决不是人所创造的对象世界的消逝、舍弃和丧失，即决不是人的采取对象形式的本质力量的消逝、舍弃和丧失，决不是返回到非自然、不发达的简单状态去的贫困"①。进一步而言，共产主义不是取消而是保存、不是抛弃而是继承了以往人类社会发展所取得的一切积极成果，包括在私有制条件下创造的文明成果。正如马克思所言："不难看到，整个革命运动必然在私有财产的运动中，即在经济的运动中，为自己既找到经验的基础，也找到理论的基础。"②事实上，共产主义社会本身也是以

---

① 〔德〕马克思：《1844年经济学哲学手稿》，人民出版社2000年版，第112—113页。
② 〔德〕马克思：《1844年经济学哲学手稿》，人民出版社2000年版，第82页。

二 《1844年经济学哲学手稿》的主要内容与基本观点

资本主义所创造的一切物质条件为基础的,是对资本主义的辩证性超越。在马克思看来,资本主义的扬弃必将为未来的共产主义社会创造条件,二者之间的关系并非断裂的,而是具有一定的连续性。对此,吉登斯曾分析指出,为了区别于"乌托邦"主义的立场,"马克思拒绝为未来的社会提供明晰的蓝图。作为对资本主义的辩证性超越,新的社会秩序将依据生活在当前社会中的人们只能模糊地把握的那些原则组织起来"[1]。因此,新社会并不是横空出世、与旧社会彻底断裂,尤其是在新社会的最初阶段,往往带有它脱胎而来的那个旧社会的痕迹。简言之,"社会主义社会是建立在资本主义历史发展基础之上的"[2]。

第四,共产主义是完成了的自然主义和完成了的人道主义的统一。在理论形态上,共产主义是自然主义和人道主义的和谐统一,这是共产主义的哲学基础。在这里,所谓"完成了的",就是"完善的""完备的""全部实现了的"意思。自然主义把自然界看作世界的唯一真正的本体和基础;人道主义强调人是世界的真正主人,人本身具有最高的价值,同时,人还是人类社会历史上的一切创造物的主体本质和基础。马克思认为,共产主义是"自然主义"和"人道主义"完成了的统一。换言之,充分发展了的完备的以自然界为基础的唯物主义,应该以人为中心,而充分发展了的完备的人道主义,应该把人首先看作是自然界的一部分,以与自然主义相一致。

---

[1] 〔英〕吉登斯著,郭忠华、潘华凌译:《资本主义与现代社会理论——对马克思、涂尔干和韦伯著作的分析》,上海译文出版社2007年版,第69页。

[2] 〔英〕吉登斯著,郭忠华、潘华凌译:《资本主义与现代社会理论——对马克思、涂尔干和韦伯著作的分析》,上海译文出版社2007年版,第73页。

马克思认为，自然主义和人道主义都有其各自的价值与合理之处，但问题在于，过去二者之间一直是彼此分离的：人道主义脱离自然主义走向唯心主义，自然主义脱离人的作用成为机械论。因此，只有二者的统一才是真理。在马克思看来，"自然界，就它自身不是人的身体而言，是人的无机的身体，所谓人的肉体生活和精神生活同自然界相联系，不外是说自然界同自身相联系，因为人是自然界的一部分"[①]。实际上，马克思当时也曾明确宣称自己就是这样一种完成了的人道主义者，自己的学说就是实践的人道主义学说。马克思写道："正像无神论作为神的扬弃就是理论的人道主义的生成，而共产主义作为私有财产的扬弃就是要求归还真正人的生命即人的财产，就是实践的人道主义的生成一样；或者说，无神论是以扬弃宗教作为自己的中介的人道主义。"[②]

第五，共产主义是历史之谜的解答和自觉。共产主义是"六对矛盾"的解答和自觉。马克思指出，共产主义是人和自然界之间、人和人之间的矛盾的真正解决，是存在和本质、对象化和自我确证、自由和必然、个体和类之间的斗争的真正解决。它是对历史之谜的解答，而且它知道自己就是答案。

由于私有财产的存在，人与自然、人与人之间存在着矛盾甚至对抗。共产主义扬弃了人与人、人与自然相对立的异化，实现了它们的统一，并且是它们的高度发展了的统一，因而成为了包括以往自然主义和人道主义发展的全部成果的唯物主义，是"历史之谜的解答"。

[①] 〔德〕马克思：《1844年经济学哲学手稿》，人民出版社2000年版，第56—57页。
[②] 〔德〕马克思：《1844年经济学哲学手稿》，人民出版社2000年版，第112页。

二 《1844年经济学哲学手稿》的主要内容与基本观点

同样，由于私有财产的存在，人现实地存在着，但丧失了自己的本质；人的劳动使自己的意识对象化，但人们只从中看到了财富的增加，却看不到这是人的本质与特征的自我确证；人的本质是自由，但具体的个人是被各种必然性支配着的不自由的个体。诚如卢梭所言，人人生而自由却无往不在枷锁之中，也即是说，在人身上存在着人的自由本质与作为对这一本质的限制的必然的斗争；人的个体的有限性、有死性与类的无限性、永恒性之间也是处于矛盾和斗争之中。一旦私有财产被共产主义消灭，上述斗争或矛盾也将随之消失。共产主义因揭示了历史发展规律而解答了历史之谜，而且知道共产主义自身就是历史发展规律的必然产物，也即"知道自己就是这种解答"。因为，"不难看到，整个革命运动必然在私有财产的运动中，即在经济的运动中，为自己既找到经验的基础，也找到理论的基础"①。

第六，共产主义是一种客观的历史运动。在马克思看来，历史的全部运动既是现实中的共产主义的诞生活动，又是在思维中被理解和被认识到的共产主义的生成运动。很显然，马克思在这里明确区分了思想上的共产主义运动和现实的共产主义运动。他特别强调："我们在思想中已经认识到的那正在进行自我扬弃的运动，在现实中将经历一个极其艰难和漫长的过程。"②

实际上，共产主义是对私有财产即人的自我异化的积极的扬弃，其本身就表明：共产主义对于资本主义时代的以"劳动"和"资本"的形式出现的"私有财产"并不是单纯地去进行"批判"和"消

---

① 〔德〕马克思：《1844年经济学哲学手稿》，人民出版社2000年版，第82页。
② 〔德〕马克思：《1844年经济学哲学手稿》，人民出版社2000年版，第128页。

灭"意义上消极的扬弃，而是力图用某种新的东西去取代它。这样一来，马克思从一开始就划清了"共产主义"与那些单纯地"否定"私有财产（例如蒲鲁东等人的所谓"财产就是盗窃"等）、单纯地要求"砸烂旧世界"式的或破坏性地"扬弃私有财产的消极表现"之间的界限，从而肯定了作为一种"现实运动"的共产主义对于推动人类社会发展和前进的积极意义。马克思明确指出："从工人阶级运动成为现实运动的时刻起，各种幻想的乌托邦消逝了——这不是因为工人阶级放弃了这些乌托邦主义者所追求的目的，而是因为他们找到了实现这一目的的现实手段——取代乌托邦的，是对运动的历史条件的真正理解以及工人阶级战斗组织的力量的日益积聚。但是，乌托邦主义者在前面宣布的运动的两个最后目的，也是巴黎革命和国际所宣布的最后目的。只是手段不同，运动的现实条件也不再为乌托邦寓言的云雾所掩盖。"[1]在《法兰西内战》中，马克思总结了巴黎公社工人阶级革命的实践，并更为明确地指出："工人阶级不是要实现什么理想，而只是要解放那些由旧的正在崩溃的资产阶级社会本身孕育着的新社会因素。"[2]

事实上，正是基于对现实的工人运动的实际状况的深入了解，恩格斯深刻地认识到：共产主义本身作为一种客观的、现实的运动，正是要通过无产阶级的解放最终实现全人类的解放。这一深刻转变表明了恩格斯对共产主义认识的深化。我们知道，在早期的《英国工人阶级状况》一文中，恩格斯明确表述了这样一个论点，即共产主义不是

---

[1] 《马克思恩格斯选集》第3卷，人民出版社1995年版，第108页。
[2] 《马克思恩格斯选集》第3卷，人民出版社1995年版，第60页。

二 《1844年经济学哲学手稿》的主要内容与基本观点

一种单纯的工人阶级的党派性学说,而是一种最终目的在于把连同资本家在内的整个社会从现存关系的狭小范围中解放出来的理论。而后来,〔他在这部著作1892年的德文第二版序言中又自我批评道:"这在抽象的意义上是正确的,然而在实践中在大多数情况下,不仅是无益的,甚至还要更坏。只要有产阶级不仅自己不感到有任何解放的需要,而且还全力反对工人阶级的自我解放,工人阶级就应当单独地准备和实现社会革命。"① 否则,关于共产主义的认识以及人的解放的认识必然成为一厢情愿、自作多情的空话。此外,马克思也意味深长地指出:"共产主义作为否定的否定的肯定,因此,它是人的解放和复原的一个现实的、对下一段历史发展来说是必然的环节。共产主义是最近将来的必然的形式和有效的原则。但是,共产主义本身并不是人的发展的目标,并不是人的社会的形式。"② 也就是说,以扬弃私有财产为中介的共产主义并不意味着人类社会已实现了完美的理想状态,恰恰相反,它仅仅是人类史前史的结束,是真正的人类史的开启,是人的解放的"必然环节""必然的形式和有效的原则"。关于人类的史前史与真正的人类史,在1859年的《政治经济学批判序言》中,马克思曾明确断言:"资产阶级的生产关系是社会生产过程的最后一个对抗形式,这里所说的对抗,不是指个人的对抗,而是指从个人的社会生活条件中生长出来的对抗;但是,在资产阶级社会的胎胞里发展的生产力,同时又创造着解决这种对抗的物质条件。因此,人类社会

---

① 《马克思恩格斯选集》第4卷,人民出版社1995年版,第423页。
② 〔德〕马克思:《1844年经济学哲学手稿》,人民出版社2000年版,第93页。关于这段译文本身及其理解,学界存在不同观点,比较有代表性的可参见许兴亚:《应当如何理解共产主义不是"人类发展的终点"——马克思〈1844年经济学哲学手稿〉中译文辨析》,《海派经济学》2006年第15辑。

的史前时期就以这种社会形态而告终。"①可见作为真正的人类史的共产主义社会已经开始了。

关于共产主义是一种客观的现实的运动这个观点，马克思和恩格斯在《手稿》之后合作完成的《德意志意识形态》中有着更加明确的表述："共产主义对我们说来不是应当确立的状况，不是现实应当与之相适应的理想。我们所称为共产主义的是那种消灭现存状况的现实的运动。"②

总之，在《手稿》中，马克思关于共产主义的阐述对于我们理解包括共产主义在内的人类社会的发展都有着重要的启示：共产主义并不是遥远的、遥不可及的，而是资本主义消灭私有制、扬弃异化劳动之后的一个新的社会形态。实际上，在对人类社会发展阶段的认识中，马克思一贯认为，人类社会不仅是一个由低级阶段向高级阶段发展的历史进程，而且是一个从片面发展向全面发展逐步推进的过程。在《哥达纲领批判》中，马克思明确将共产主义社会划分为两个发展阶段，即共产主义第一阶段和共产主义的高级阶段，并指出：共产主义社会的第一阶段是实现共产主义社会的高级阶段不可逾越的必经阶段。后来，列宁继承并发展了马克思关于共产主义社会发展阶段的思想。1917年，列宁在《国家与革命》中将马克思所说的"共产主义社会的第一阶段"称作"社会主义社会"，这样就使"共产主义社会的第一阶段"和"共产主义社会的高级阶段"变成了"社会主义社会"和"共产主义社会"。1920年，列宁在《共产主义运动中的"左派"

---

① 《马克思恩格斯选集》第2卷，人民出版社1995年版，第33页。
② 《马克思恩格斯选集》第1卷，人民出版社1995年版，第87页。

二　《1844年经济学哲学手稿》的主要内容与基本观点

幼稚病》一文中把整个共产主义社会明确地划分为三个阶段，即"低级阶段""中级阶段""最高阶段"，其中的"低级阶段""中级阶段"是指社会主义社会的两个不同发展阶段，"最高阶段"是指共产主义社会，而"最初阶段"则是指"从资本主义向社会主义即向共产主义低级阶段过渡"的过渡阶段。

最后，关于马克思的共产主义理论，我们还必须再次强调这样两句话：第一，共产主义必胜，但绝不会速胜；第二，共产主义是长期的，但绝不是遥遥无期的。

（三）若干重要观点

从总体上看，在《手稿》这部堪称马克思主义整体性的开篇之作中，马克思不仅在哲学、政治经济学和科学社会主义学说"三位一体"的整体性体系的意义上提出了异化劳动理论和共产主义理论，而且马克思在《手稿》中表述的许多思想在许多方面实际上已经接近历史唯物主义了。尽管这些思想只具有"萌芽""胚胎"的形式，但对于紧随其后的唯物史观的创立却具有重大意义。

当然，随着时间的推移，那些往往以"萌芽""胚胎"的形式蕴藏或淹没在原来的认识之中的新的思想、新的理论生长点，终将进入那些善于发现的人们的视野。从方法论的角度看，在《手稿》中处处显示着的那些关于新世界观的智慧的火光，只有在自觉摒弃对《手稿》的偏见的基础上才能真正被发现。也就是说，我们看问题总是从一定视角出发的，但我们须知：一定的视角、窗口在向我们展示对于事物的一种思考景观的时候，必定又会使我们的眼界受到束缚，正所谓有所见必有所盲点。因此，对于饱受争议之苦的《手稿》来讲，一种开放、开阔的视野就显得尤为重要。换言之，对待像《手稿》这样极富思想力的著作，我们不能仅仅囿于自己的"前见"，不能抱残守缺、固守"思维定式"，而应该勇于打破一切束缚自由思考的"思维圈"的羁绊，真正以一种开阔高远的历史眼光、以一颗公正客观的心来真心诚意地对待《手稿》，才能突破自己的"思维盲区""无知境界"，也才不会陷入"入宝山而空手归"的尴尬境地，进而真正做到满载而归和拥抱收获。对此，马克思曾概括性地谈及这一问题："在人类历史上存在着和古生物学中一样的情形。由于某种判断的盲目，甚至最杰出的人物也会根本看不到眼前的事物。后来，到了一定的时候，人们就惊奇地发现，从前没有看到的东西现在到处都露出自己的痕迹。"[①]

从这个意义上讲，我们主要从《手稿》中提炼出以下几个重要观点：

1.劳动活动对于人类文明和历史进步的伟大意义

马克思指出："整个所谓世界历史不外是人通过人的劳动而诞生的过程。"[②]也就是说，人正是通过劳动这种有意识的生命活动创造了社会的全部物质财富和精神财富，进而开创世界历史的。这表明，马克思在《手稿》中已经开始把对社会历史问题的研究转向人类最基本的劳动实践活动，进而找到了理解全部人类发展史的正确方向。在马克思看来，劳动作为一种创造性的物质生产活动，不仅在人类自身的

---

① 《马克思恩格斯选集》第4卷，人民出版社1995年版，第579页。
② 〔德〕马克思：《1844年经济学哲学手稿》，人民出版社2000年版，第92页。

二　《1844年经济学哲学手稿》的主要内容与基本观点

发展中特别是在从猿到人的转变中发挥着决定性的作用,而且在人类社会历史的发展中也起着决定性的作用。从劳动实践的观点来说明整个社会历史的发展,马克思发现:人类历史就是通过劳动产生、通过劳动发展,又通过扬弃劳动异化而实现自身解放的过程。人类历史之所以会发展到私有制社会,这是劳动自身性质发展的结果。因此,只有从根本上改变劳动自身的性质、扬弃资本主义条件下的异化劳动,才能真正进入共产主义社会。

实际上,《手稿》中的劳动史观与之后的《德意志意识形态》中的观点是完全一致的,后者只是比前者的表述更加准确、更加科学而已。马克思强调指出:"这些个人把自己和动物区别开来的第一个历史行动不在于他们有思想,而在于他们开始生产自己的生活资料。"[①] 在马克思看来,一切历史的第一个前提、人的第一个历史活动就是生产满足这些需要的资料,即"生产物质生活本身"。这种活动是"一切历史的基本条件"。通过比较,我们可以清楚地看到马克思和恩格斯在《德意志意识形态》中的唯物史观的重要观点在《手稿》中已经基本形成,并得到了虽然初步却十分明确的表述。恩格斯在《路德维希·费尔巴哈和德国古典哲学的终结》中总结指出,马克思"在劳动发展史中找到了理解全部社会史的锁钥"[②]。如此看来,《手稿》中关于劳动实践在人类文明和历史进步中具有伟大意义这一重要观点的重要性也就一目了然了。

在这里,马克思还饶有兴趣地分析并有力地驳斥了那种很难从

[①] 《马克思恩格斯选集》第1卷,人民出版社1995年版,第67页。
[②] 《马克思恩格斯选集》第4卷,人民出版社1995年版,第258页。

人的意识中排除的创造观念或"造物"观念。从逻辑思维层面来看,"造物"观念是抽象的线性逻辑思维的必然产物。这种抽象的线性逻辑思维着眼于事物的本原和第一因,试图寻找一个阿基米德点,实际上是一种传统本体论思维方式在作祟。这样一种观念为什么会根深蒂固呢?从现实的社会历史层面来看,这是由人现实存在的依附性特点所决定的。因为在现实中,人的生活不是自己创造的,人的肉体也要归功于别人,一句话,人是"被创造"的。我们首先看到这样一个事实:人是由其父母所生,因此,马克思说,如果紧紧盯住这个无限的过程,你还可以进一步提问:谁生出了我的父亲?谁生出了我的祖父?……直到提出这样一个问题:谁生出了第一个人?马克思的回答是:你的问题本身就是抽象的产物,请你问一下自己,你是怎么想到这个问题的?你的问题是不是来自一个因为荒谬而使我无法回答的观点?既然你提出人的创造问题,你也就把人抽象掉了。你设定人是不存在的,你却希望我向你证明人是存在的,这就没有任何意义了。放弃你的抽象,你也就会放弃你的问题,不要那样想,也不要那样向我提问。马克思认为,也许你会反驳我:我并不是想设定人是不存在的,我只是想知道人是如何才成为人的?在马克思看来,要想解决这个问题,不仅要关注问题的一个方面,即这个"无限的过程",还要紧紧盯住问题的另一个方面,即这个无限过程中可以感觉直观的"循环运动"。这样你就会发现,在这个无限的过程和运动中,人通过生儿育女使自身重复出现,因而"人始终是主体"[①]。马克思进一步指出,要想从根本上解决上述问题,就要着眼于人的生命活动即劳动实践活

[①] 〔德〕马克思:《1844年经济学哲学手稿》,人民出版社2000年版,第91页。

二 《1844年经济学哲学手稿》的主要内容与基本观点

动的自我创造。从某种意义上说，人的创造性实践为人的诞生、自然的生成做了最好的注脚。也正是在这个意义上，马克思的回答是：人正是通过劳动实践而诞生、而形成的。也就是说，人是自我生成、自我创造、自我发展的。在他看来，这是一个直观的、经验的、无可辩驳的证明。

值得注意的是，马克思在对这种创造观念或"造物"观念的批判中蕴含着思维方式从抽象、思辨到直观、经验的转换。关于思维方式的转化，在这里，我们还可以举生活中这样一个简单的例子：先有父亲还是先有儿子？在日常生活的经验思维层面，这本不是一个问题，但是，如果从哲学思维的角度来看，到底是先有父亲还是先有儿子，这还真是一个问题！试想，如果没有"儿子"，怎么会有"父亲"呢？因为当"儿子"不存在的时候，这个"父亲"还不能称之为父亲，他至多是一个"男人"而已。如此看来，"父亲"与"儿子"并不是简单的孰先孰后的问题，而是相互依存、相互规定的。实际上，马克思也曾在他的著作中举过这样一个例子，他说：一个人之所以是国王，只是因为其他人作为臣民同他发生关系。反过来，他们之所以认为自己是臣民，是因为他是国王。[1]国王与臣民也是相互规定的。实际上，这就是马克思在《手稿》中多次论及的一种"对象性关系"，即有对象性关系的东西必定是互为对象的，用黑格尔的话来说就是，"每一方都是它自己的对方的对方"[2]，因此，"主奴辩证法"所揭示的正是主人和奴隶这样一种对象性即相互规定的关系。

---

[1] 参见《马克思恩格斯文集》第5卷，人民出版社2009年版，第73页。
[2] 〔德〕黑格尔：《小逻辑》，商务印书馆1980年版，第255页。

2.物质生产在构成社会诸因素中起支配作用的思想

马克思在论述私有财产的运动时指出:"宗教、家庭、国家、法、道德、科学、艺术等等,都不过是生产的一些特殊的方式,并且受生产的普遍规律的支配。"[①]很显然,马克思在这里所说的"生产的普遍规律"绝不是指先验的人的类本质,而是指社会发展的客观法则。事实上,当马克思将物质生产看作社会生活一切方面的客观基础、看作全部科学发展的坚实基础,进而把物质生产这个从未被以往哲学家和史学家所重视甚至鄙视的因素导入哲学和科学史的时候,就实现了人类认识史上的一次深刻的变革。

生产在构成社会诸因素中起支配作用,这是马克思关于物质生产是人类社会历史发展的决定力量的最初表述,也是经济基础决定上层建筑这一马克思主义唯物史观基本原理理论雏形的初步表达。在这个问题上,马克思的伟大之处就在于:他能够从纷繁复杂、错综交织的社会活动与社会关系中剥离出历史的奠基性和决定性要素——"物质生产"[②],进而从"物质生产"出发阐明了历史的出发点——现实的人的物质生产,发现了历史的发源地和尘世的粗糙的物质生产、揭示了历史的决定性因素——物质生活的生产与再生产,最终创立了唯物史观。

在《德意志意识形态》中,马克思和恩格斯对唯物史观首次作出了全面的阐述。他们指出:"这种历史观就在于:从直接生活的物质生产出发阐述现实的生产过程,把同这种生产方式相联系的、它所产

[①] 〔德〕马克思:《1844年经济学哲学手稿》,人民出版社2000年版,第82页。
[②] 参见王虎学:《"物质生产"的历史剥离与奠基》,《教学与研究》2011年第7期。

二 《1844年经济学哲学手稿》的主要内容与基本观点

生的交往形式即各个不同阶段上的市民社会理解为整个历史的基础，从市民社会作为国家的活动描述市民社会，同时从市民社会出发阐明意识的所有各种不同理论的产物和形式，如宗教、哲学、道德等等，而且追溯它们产生的过程。这样当然也能够完整地描述事物（因而也能够描述事物的这些不同方面之间的相互作用）。"①

在《〈政治经济学批判〉序言》中，马克思对唯物史观的要点作了扼要的阐述，并就其实质给予了经典性的表述。马克思指出，通过研究政治经济学，"我所得到的、并且一经得到就用于指导我的研究工作的总的结果，可以简要地表述如下：人们在自己生活的社会生产中发生一定的、必然的、不以他们的意志为转移的关系，即同他们的物质生产力的一定发展阶段相适合的生产关系。这些生产关系的总和构成社会的经济结构，即有法律的和政治的上层建筑竖立其上并有一定的社会意识形式与之相适应的现实基础。物质生活的生产方式制约着整个社会生活、政治生活和精神生活的过程。不是人们的意识决定人们的存在，相反，是人们的社会存在决定人们的意识。"②正如巴加图利亚所说："后来，这个序言已不再是历史编纂学的源泉，而首先成为从发展观点研究其中所包含的唯物主义历史观的对象，后来又成为我们用以衡量被研究理论的进一步发展程度的标准。"③

在"关于历史唯物主义的通信"中，恩格斯对唯物史观的一些重要问题作了进一步的阐发。恩格斯强调指出："根据唯物史观，历

---

① 《马克思恩格斯选集》第1卷，人民出版社1995年版，第92页。
② 《马克思恩格斯选集》第2卷，人民出版社1995年版，第32页。
③ 〔苏〕巴加图利亚著，陆忍译：《马克思的第一个伟大发现》，中国人民大学出版社1981年版，第63页。

史过程中的决定性因素归根到底是现实生活的生产和再生产。无论马克思或我都从来没有肯定过比这更多的东西。如果有人在这里加以歪曲，说经济因素是唯一决定性的因素，那么他就是把这个命题变成毫无内容的、抽象的、荒诞无稽的空话。经济状况是基础，但是对历史斗争的进程发生影响并且在许多情况下主要是决定着这一斗争的形式的，还有上层建筑的各种因素。"①

回过头来看，无论是《德意志意识形态》对唯物史观的全面制定，还是《〈政治经济学批判〉序言》对唯物史观的经典表述，抑或"关于历史唯物主义的通信"对唯物史观的捍卫与发展，我们都能看到贯穿其中的一条不变的红线：历史过程中的决定性因素归根到底是现实生活的生产和再生产。就此而论，阿尔都塞完全忽视甚至人为斩断马克思思想发展的逻辑链条的做法无疑是错误的。从一定意义上讲，他的"认识论断裂"本身就是一种"断裂的认识"，它无法解释马克思何以处在两个决然不同的思想断层之中。

3.实践的观点

实践的观点是马克思主义的首要的基本观点，而这一观点在《手稿》中已被马克思多次提及。在谈到主观主义和客观主义、唯心主义和唯物主义等彼此之间的对立的解决时，马克思指出："理论的对立本身的解决，只有通过实践方式，只有借助于人的实践力量，才是可能的；因此，这种对立的解决绝对不只是认识的任务，而是现实生活的任务，而哲学未能解决这个任务，正因为哲学把这仅仅看作理论的

---

① 《马克思恩格斯选集》第4卷，人民出版社1995年版，第695—696页。

二 《1844年经济学哲学手稿》的主要内容与基本观点

任务。"①从马克思对拜物教问题的分析中也可以看出:"理论之谜的解答在何种程度上是实践的任务并以实践为中介,真正的实践在何种程度上是现实的和实证的理论的条件。"②从这里,我们似乎可以看到马克思《关于费尔巴哈的提纲》的影子!在这部"包含着新世界的天才萌芽的第一个文件"中,科学的实践观得以确立。自此,作为人类主体通过客观物质创造表现出来的能动的社会历史实践活动在马克思主义哲学中的基石地位被确立起来了。

4.社会存在决定社会意识原理的初步表达

在《手稿》当中,马克思初步表达了社会存在决定社会意识的历史唯物的原理。他指出:"拜物教徒的感性意识不同于希腊人的感性意识,因为他的感性存在还是不同于希腊人的感性存在。"③存在决定意识,社会存在决定社会意识。在标志着唯物史观全面制定的《德意志意识形态》中,马克思、恩格斯明确指出,社会存在决定社会意识,而不是相反。后来,在《共产党宣言》中,马克思、恩格斯也再次重申了这样一种认识:人们的观念、观点和概念,一句话,人们的意识,随着人们的生活条件、人们的社会关系、人们的社会存在的改变而改变,这难道需要经过深思才能了解吗?一句话,人的意识随着社会条件、经济条件的变换而变换,在历史唯物主义者看来,这是不言而喻、无需深思的。

---

① 〔德〕马克思:《1844年经济学哲学手稿》,人民出版社2000年版,第88页。
② 〔德〕马克思:《1844年经济学哲学手稿》,人民出版社2000年版,第127页。
③ 〔德〕马克思:《1844年经济学哲学手稿》,人民出版社2000年版,第127页。

5.工业和自然科学在人的解放中的伟大历史作用

在马克思看来,工业和自然科学的发展必将为人的解放奠定坚实的物质基础。在《手稿》中,马克思像圣西门一样赞美生产力、赞美工业的力量,但是,他又和圣西门不同:他已经非常明确地把工业本身的力量和这种力量借以实现的社会形式即私有财产制度区别开来。一方面,他把工业的力量归结为人的创造能力,将其看作人的本质和潜能的发挥;另一方面,他又把工业理解为人类赖以存在和发展的现实基础,认为其是人类获得最终解放的物质条件。因此,他提醒人们注意:"工业的历史和工业的已经生成的对象性的存在,是一本打开了的关于人的本质力量的书,是感性地摆在我们面前的人的心理学。"① 也就是说,应该从人的活动的现实性、人的本质力量的公开展示的层面来理解工业。但问题在于:人们至今还没有或者说尚未能从它与人的本质的联系来理解这种心理学,而总是仅仅从外在的有用性这种关系来理解。也就是说,人的本质力量是以异化的形式呈现在我们面前的。换句话说,当我们在考察人类工业发展的这样一个历史的过程当中,实际上更要看到这个过程本身是对于人类自身发展的一个考察。不要觉得考察工业是外在于人的。事实上,马克思所说的实际就是对人的考察。蒸汽机产生的是什么?产生的是资本主义的生产方式。不要以为蒸汽机就是一个机器,它实际体现了人在认识自身、展现本质力量所达到的一个高度。这也正应了毛泽东所讲的,不仅要读"有字之书",还要读"无字之书"。

---

① 〔德〕马克思:《1844年经济学哲学手稿》,人民出版社2000年版,第88页。

二 《1844年经济学哲学手稿》的主要内容与基本观点

因此,马克思进一步明确指出,自然科学"通过工业日益在实践上进入人的生活,改造人的生活,并为人的解放作准备"[1]。在马克思看来,自然科学与关于人的科学将是同一门科学。人是自然科学的直接对象,因为直接的感性自然界对人说来就是人的感性,直接地就是另一个对他说来感性地存在着的人。因此,只有在关于"自然本质的科学"中才能获得人的感觉的本质力量的自我认识。总之,通过工业和自然科学的相互促进,不断展现和深化了认识人的本质力量,为异化的克服和人的解放创造了物质和精神条件。

值得注意的是,马克思在这里特别强调了工业和自然科学的人本学性质。但是,作为展现人的本质力量和深化人的主体认识的实践,其与劳动异化和技术异化是直接对立的。诚如有学者分析指出的那样:反观当代人类的生存处境和困境,我们看到,我们所处的时代在物质和技术方面所取得的成就,比起以往任何时代都要令人欣喜和骄傲。但是,由于自然科学丧失了其应有的人本学基础,变成了对自然界和人本身的纯粹技术化开发和研究,并且越来越受资本逻辑的支配。当科研活动及其成果产业化越来越服从于经济利益和商业利润的时候,自然科学所唤起的就不再是人的本质力量和人的主体自觉精神,也不再是人们对自然界的美的感受和敬畏,而是无穷无尽的贪婪的占有欲。工业和科学技术的相互促进正在加速自然的人化并越来越使人类生活在人工构造的世界里。在这里,人蜕变成物质技术硬壳里的智能"软虫",在商业利润驱动下的大众文化正操纵并从根本上腐蚀着人的内心与灵魂。随之而起的后现代主义思潮更是明确宣称知识

---

[1] 〔德〕马克思:《1844年经济学哲学手稿》,人民出版社2000年版,第89页。

吞没了说话的主体，话语在叙事中以它的谱系学的特征陈述自身，他们以此消解了一切意识形态和人文理想。但是，这不过是劳动异化和技术异化时代人类"离心化"以后的一种无奈的叹息和自我解嘲罢了！

《1844年经济学哲学手稿》的历史地位与现实启示

03

《1844年经济学哲学手稿》导读

《手稿》是马克思主义形成起点上的一部代表性著作，具有重要的国际影响。1932年，当沉寂了88年之久的《手稿》得以公开问世之后，就引发了世界范围内旷日持久的普遍关注和热烈讨论。随之，各种争论纷至沓来，时至今日依然有增无减。正如法国结构主义马克思主义者阿尔都塞所言，长期以来，《手稿》一直都是"斗争的论据，诉讼的藉口，防御的堡垒"[①]。在这个过程中，人们对于《手稿》的态度都很鲜明：有追随、赞成者，亦有批判、反对者；有全盘否定者，亦有无限拔高者。在这个过程中，还有一个很有意思的现象，那就是研究《手稿》的人不仅有政治家、革命家，还有许多来自包括哲学界、经济学界、美学界、文艺学界等不同研究领域的学者，他们甚至还在《手稿》的研究中形成了不同的学派。这种现象，不仅在整个马克思主义发展史上十分罕见，而且在整个人类文化思想史上也是少有的。

这也许就是作为经典的《手稿》的魅力所在吧！2003年的诺贝尔文学奖获得者、南非著名作家库切认为：经典是通过顽强存活而给自己挣得经典之名的。在《何谓经典》一文中，他这样写道：经历过最糟糕的野蛮攻击而得以劫后余生的作品，因为一代一代的人们都无法舍弃它，因而不惜一切代价紧紧地拽住它，从而得以劫后余生的作

[①] 复旦大学哲学系现代西方哲学研究室编：《西方学者论〈1844年经济学哲学手稿〉》，复旦大学出版社1983年版，第248页。

品——那就是经典。从这个意义上讲，拷问质疑经典，无论以一种多么对立的态度，都是经典之历史的一部分，是不可避免的，甚至是很受欢迎的一部分。因为，只要经典娇弱到自己不能抵挡攻击，它就永远不可能证明自己是经典。

问题是，《手稿》到底在整个马克思主义发展史上处于一个什么样的地位呢？因此，在这一部分，我们将首先从国内外关于《手稿》思想内容和历史地位的争论切入，并在此基础上引申出应该如何科学对待《手稿》进而如何科学对待马克思主义这一重大问题，最后，我们将尝试谈谈现时代回归经典、重读《手稿》的启示和意义所在。

（一）历史地位

总体上看，国内外关于《手稿》思想内容和历史地位的争论大致可以归结为两种截然相反的代表性观点："顶点论"和"不成熟论"。二者争论的焦点是青年马克思与人道主义的关系问题。

1."顶点论"与"不成熟论"

"顶点论"认为，马克思主义的实质是真正的人道主义，因而主张人道主义的《手稿》应该被看作真正的马克思主义。这种观点的代表人物有朗兹胡特和迈耶尔、亨·德曼、马尔库塞等。

德国社会民主党人朗兹胡特和迈耶尔是《手稿》的第一个德文版本的编辑出版者，他们在其出版的著作中就盛赞道：《手稿》是"新的福音书""真正的马克思主义的启示录"，它显示了马克思主义的真正隐秘的含义，对论证"新的马克思主义观"具有决定性的意义。他们认为，《手稿》不仅是"马克思的中心著作"，而且是"包括了马克思的全部精神视野的唯一文献"①。

比利时人亨·德曼在他的《新发现的马克思》一文中明确声明：《手稿》"对于重新理解马克思学说的发展进程和全部含义具有决定的意义"。在他看来，"这部著作比马克思的其他任何著作都更加鲜明地揭示了马克思的社会主义信念背后的伦理的、人道主义的动机"。在此基础上，他还提出了这样一种论点，即《手稿》表明："马克思的成就的顶点是在1843年和1848年之间"，因此，我们"切不可高估马克思的晚期著作，相反地，这些著作暴露出他的创作能力的某种衰退和削弱"②。

西方马克思主义的代表人物马尔库塞认为，《手稿》是使整个马克思主义真正奠基于"人道主义"这一"新的基础"之上的一部成熟的马克思主义著作。实际上，1932年《手稿》刚刚出版，马尔库塞就率先撰写了一篇专门的评论性文章《论历史唯物主义的基础》。在这篇文章中，马尔库塞高度评价了马克思的《手稿》。他在1972年发表的《论历史唯物主义的基础》中指出，马克思在1844年写的《1844年经济学哲学手稿》的发表必将成为马克思主义研究史上的一个划时代的事件。这些手稿使关于历史唯物主义的由来、本来含义以及整个"科学社会主义"理论的讨论置于新的基础之上。根据马尔库塞的论述，他在这里所提及的"新的基础"不是指别的什么理论，就是指人道主义。因此，在他看来，不能把《手稿》所使用的人道主义概念

---

① 转引自《马克思早期思想研究》，生活·读书·新知三联书店1963年版，第78—79页。
② 转引自《马克思早期思想研究》，生活·读书·新知三联书店1963年版，第79、80页。

三 《1844年经济学哲学手稿》的历史地位与现实启示

当作是在以后要抛弃的残迹,或者是我们能摘下的装饰品,相反,应该把人道主义看作是马克思所有著作的"中心论题"。总而言之,马尔库塞将《手稿》定性为一部成熟的马克思主义著作即人道主义著作。他认为,马克思是在人道主义的理论基础上讨论劳动、人性异化等诸多问题的,人道主义的马克思主义才是真正的马克思主义,并且据此认为,马克思的《手稿》是其主要哲学著作,预示着成熟的唯物主义理论。因此,马尔库塞承认,马克思后期著作中所阐发的思想与《手稿》的思想是相一致的。但是,他又明确指出,马克思后期著作中的一些思想、概念和提法是不当的,总体上也是低于《手稿》的水平的,所以有必要对其后期著作进行修订、改正和完善,有必要按照《手稿》中的范畴的含义来加以校正。

总之,"顶点论"把《手稿》看成是唯一显示马克思智慧的充分发展状况的著作,他们认为,《手稿》中所阐述的"人道主义"的共产主义理论已经达到了马克思的成就的"顶峰"。老实说,从实际效果上来看,这种无限拔高与过分评价,对于人们重视《手稿》曾经起过十分重要的作用。试想:一篇文章、一本著作公诸于世之后,最可怕的是什么?实际上,不是怕别人质疑或发难,而是怕悄无声息、无人问津。正是在这个意义上,马克思在《资本论》第一卷第二版的跋当中曾经深有感触地写道:"德国资产阶级的博学的和不学无术的代言人,最初企图像他们在对付我以前的著作时曾经得逞的那样,用沉默置《资本论》于死地。"[①] 实际上,"对马克思的学说,有人说怀疑比迷信好,这是对的。马克思主义的厄运,不是肇因于怀疑,而是肇因

[①] 《马克思恩格斯文集》第5卷,人民出版社2009年版,第18页。

于教条、宗教式的信仰和迷信。这话有一定道理"①。

"不成熟论"认为，马克思主义的实质和精髓是唯物史观、科学社会主义，因此，《手稿》被视为一部不成熟的著作，因为其中所蕴含的青年马克思的人道主义观带有非常浓厚的费尔巴哈人本主义的非科学的痕迹。这种观点的代表人物有布尔、施密特、巴日特诺夫、阿尔都塞等。

德国科学院中央哲学研究所所长曼弗雷德·布尔曾在一篇关于《手稿》的专论中指出："《手稿》本身绝不是一部完整的东西"，而只是"不成系统的残篇断简""仅仅是一些没有联系的思想""因此，也就不能说《手稿》中包含了一种发展了的、统一的学说"。在他看来，《手稿》中的异化概念，不过是马克思对资本主义"表示道德上的愤慨情绪"②而已。因此，布尔进一步指出，《手稿》不过是一种道德意义的而非科学意义的作品，它是从五花八门的思想理论中拼凑而成的、没有内在联系和统一性的、没有马克思本人的明确观点的"一盘大杂烩"。实际上，像这样露骨地恶意攻击马克思《手稿》的人并不多见，但是，他的话却相当真实地反映出了某些自称为马克思主义的人对待马克思主义的态度。德国哲学家、法兰克福学派代表人物施密特认为：在《手稿》中，"费尔巴哈的术语在他（马克思）那里占了优势，对历史唯物主义的原始表述仍是费尔巴哈式的"③。苏联学者巴日特诺夫认为："对《1844年经济学哲学手稿》内容的分析首先表明，

---

① 《吴江文稿》上卷，中央编译出版社2009年版，第117页。
② 参见〔德〕曼弗雷德·布尔著，郭官义译：《异化、哲学人本学和"马克思批判"》，《哲学译丛》1980年第2期。
③ 〔德〕施米特著，欧力同、吴仲昉译：《马克思的自然概念》，商务印书馆1988年版，第7页。

三 《1844年经济学哲学手稿》的历史地位与现实启示

这部手稿不是一部成熟的马克思主义的著作。"①

在《保卫马克思》一书中,阿尔都塞曾借用加斯东·巴什拉关于"认识论断裂"的概念指认道:在马克思的思想发展过程中也存在一种"认识论的断裂","这一断裂发生在1845年的《德意志意识形态》",可用它"标志出新的世界观的出现"②。阿尔都塞认为,在马克思的早期著作特别是《手稿》中,关于人的本质、人的异化、人的解放等的论述,说明马克思伦理观点的大部分概念都是受到费尔巴哈的启发或者直接从费尔巴哈那里借用来的。在阿尔都塞看来,作为意识形态的人道主义是个反科学的概念。因此,他对所谓仍从属于费尔巴哈人道主义总体系之内的《手稿》评价极低。在《保卫马克思》一书的序言中,阿尔都塞首先将《手稿》的"理论形态"定位于离马克思的新世界观最远而非最近的著作。他指出,马克思的这部《手稿》,不仅仍然是他"青年时期"(1840—1844年)的著作,是"他的意识形态哲学时期的最后一部著作",而且"这部著作实际上是要用费尔巴哈的假唯物主义把黑格尔的唯心主义'颠倒'过来",是对费尔巴哈和黑格尔所作的一种"天才综合"。在这部著作里,"青年马克思在同他'从前的哲学信仰'决裂的前夕,却破天荒地向黑格尔求助,从而产生了一种为清算他的'疯狂的'信仰所不可缺少的奇迹般的理论'逆反应'……马克思通过《1844年手稿》在最后关头突然完全回到黑格尔那儿去"。因此,他认为,可以把马克思的《手稿》比作"黎

---

① 〔苏〕巴日特诺夫著,刘坤译:《哲学中革命变革的起源》,中国社会科学出版社1981年版,第162页。
② 〔法〕阿尔都塞著,顾良译:《保卫马克思》,商务印书馆2006年版,第14页。

《1844年经济学哲学手稿》导读

明前黑暗的著作",也即"离即将升起的太阳最远的著作"。[①]

此外,由于马克思写作《手稿》时年仅26岁,也有人据此武断地判定《手稿》是不成熟的。我们认为,这样一种判定本身就是思维"不成熟"的反映。对此,我们只想用一些事实来说明青年创造历史这样的案例并不鲜见。比如说,红军长征时,红军战士的平均年龄不到25岁,但是他们最终开天辟地,创造了奇迹,成就了伟业,开创了未来。再比如说,党的一大召开时,在参加党的一大的代表中,年龄最大的45岁,最小的19岁,平均年龄也不过28岁。青年时代无疑是一个人生命的黄金岁月。马克思曾说,一个时代的精神,是青年人代表的精神;一个时代的性格,是青年人代表的性格。罗曼·罗兰也说过,标志时代的最灵敏的晴雨表恰恰是青年人。李大钊也曾说过,青年者,人生之王,人生之春,人生之华也。实际上,许多大师巨匠的辉煌成就往往都诞生在青年时期,青年创造辉煌的例子不胜枚举:爱迪生发明留声机时29岁,发明电灯时31岁;贝尔发明电话时29岁;居里夫人在31岁时发现钋、镭等放射性元素,并第一次获得诺贝尔奖;李政道、杨振宁提出宇宙不守恒定律时也只有30岁。自然科学如此,人文社会科学领域也是如此。由此可见,在判定一部作品是否成熟时,不能以作者年龄作为其成熟不成熟的标准。拿年龄作为考量本身就是思想不成熟的一种体现。再者,这种认识在逻辑上也是不成立的。试想,如果说26岁的马克思的著作不成熟,谁又能保证马克思在62岁写下的著作就一定是成熟的?马克思晚期所写的著作就一定成熟,早期写的就一定不成熟?判断一种思想成熟与否,不能拿年

---

① 参见〔法〕阿尔都塞,顾良译:《保卫马克思》,商务印书馆2006年版,第17页。

三 《1844年经济学哲学手稿》的历史地位与现实启示

龄作为考量。因此,如果拿年龄来作文章,并就此判定26岁的马克思写下的《手稿》是不成熟的,这种做法不可取的。2019年4月30日,在纪念五四运动100周年大会上的讲话中,习近平总书记更是深情寄语青年,对青年寄予厚望。他总结指出:"自古英雄出少年。在漫漫历史长河中,人类社会青年英雄辈出,中华民族青年英雄辈出。《共产党宣言》发表时马克思是30岁,恩格斯是28岁。列宁最初参加革命活动时只有17岁。牛顿和莱布尼茨发现微积分时分别是22岁和28岁,达尔文开始环球航行时是22岁,爱因斯坦提出狭义相对论时是26岁。贾谊写出'西汉一代最好的政论'时不到30岁,王勃写下千古名篇《滕王阁序》时才20多岁。在我们党领导人民进行革命、建设、改革的伟大历史进程中更是青年英雄辈出。中共一大召开时毛泽东是28岁,周恩来参加中国共产党时是23岁,邓小平参加旅欧中国少年共产党时是18岁。杨靖宇牺牲时是35岁,赵一曼牺牲时是31岁,江姐牺牲时是29岁,红三十四师师长陈树湘牺牲时是29岁,邱少云牺牲时是26岁,雷锋牺牲时是22岁,黄继光牺牲时是21岁,刘胡兰牺牲时只有15岁。守岛32年的王继才第一次登上开山岛时是26岁,航天报国的嫦娥团队、神舟团队平均年龄是33岁,北斗团队平均年龄是35岁。这样的青年英杰数不胜数!我们要用欣赏和赞许的眼光看待青年的创新创造,积极支持他们在人生中出彩,为青年取得的成就和成绩点赞、喝彩,让青春成为中华民族生气勃发、高歌猛进的持久风景,让青年英雄成为驱动中华民族加速迈向伟大复兴的蓬勃力量!"[①]

[①] 习近平:《论坚持党对一切工作的领导》,中央文献出版社2019年版,第297—298页。

总之，与"顶点论"针锋相对，"不成熟论"依据所谓"成熟的马克思主义"的标准完全否定了《手稿》中的人道主义思想，进而认定《手稿》是"不成熟的马克思主义"的著作。当然，国内学界也有部分学者明确指认，《手稿》时期的马克思还没有从黑格尔、费尔巴哈等人那里走出来，甚至还没有一套表达自己观点与思想的话语和概念体系，而只是在用黑格尔、费尔巴哈等人的话语和概念表达自己多少还有些模糊不清的世界观或还未成型的思想。他们认为，《手稿》时期马克思思想的不成熟非但表现在与后来的成熟的马克思主义的比较方面，更来自于"手稿"所阐述的思想本身的内在差异，或者说"手稿"所表达的思想观点前后是不一致的，甚至存在"重大"的区别等。客观地讲，我们应该看到马克思思想发展转变的事实，同样应该正视这样一种转变之间的内在差异。如果读者对于马克思早期和晚期文本中相关概念的不同之处有兴趣的话，可以参见阿尔都塞所著的《保卫马克思》一书，但切不可人为炮制"两个马克思"的对立论。

实际上，在围绕《手稿》的历史地位的争论中，便出现了一个影响深远的"两个马克思"的论调，由此也引发了关于"青年马克思"与"老年马克思"、马克思早期著作与马克思晚期著作何者能够代表马克思主义以及马克思与恩格斯的关系等一系列争论。比如说，关于青年马克思与老年马克思的关系问题，实际上，自《手稿》公开问世后，就表现为有关马克思从早期到后期之间的"连续"或"断裂"问题的世界性争论。争论的核心表现为：要么在早期马克思的延长线上去想象后期马克思；要么认为在马克思早期和后期之间存在一种"断裂"，进而在这个"断裂"的基础上再去想象后期马克思。日本学者

三 《1844年经济学哲学手稿》的历史地位与现实启示

柄谷行人就此分析指出，这种争论的提出有其深刻的社会现实缘由，具有鲜明的历史性：早期马克思是对过度强调经济决定论——生产力理论的马克思主义的反抗；后期马克思则是针对早期马克思主义的人道主义化提出的。在柄谷行人看来，这种争论不仅毫无结果，而且从一开始就掉进了离开文本而预设马克思的一个"思想陷阱"。再比如说，关于马克思与恩格斯的学术思想关系上，吉登斯曾指出，西方学者把马克思与恩格斯之间的"这种差异无疑被夸大了"。因此，他借用拉斯基的话形象地指出："这两个人所涉足的是一个共同的理念库，就好像共同在知识银行里开了一个户头，双方都可以自由地提取。"①

实际上，马克思只能是一个马克思，一个整体的马克思。马尔库塞从"人的基本主题"出发，指明了马克思学说的整体性。尽管对于马克思思想的发展，马尔库塞武断地得出了只有量的扩张而没有质的变化的结论，但他明确了一个马克思的思想。他认为"马克思前后思想没有变化""马克思后期著作所阐述的还是《手稿》的理论"，《手稿》的基本思想和术语"也表现在成熟的和老年的马克思所写的《资本论》的很多章节中"。因此，"《手稿》所表述的关于人的基本主题"贯穿于"马克思所有的著作之中"。吉登斯也曾明确主张：要尽可能摆脱这种毒害马克思主义研究的有关马克思著作的"二分法"，即青年马克思与老年马克思之分，因为"只要仔细检视马克思1857—1858年间所写作的《政治经济学批判大纲》——作为《资本论》的最初基础——我们无疑可以发现，马克思并没有放弃过其早期作品中的

---

① 参见〔英〕吉登斯著，郭忠华、潘华凌译：《资本主义与现代社会理论——对马克思、涂尔干和韦伯著作的分析》，上海译文出版社2007年版，第216页。

《1844年经济学哲学手稿》导读

主要观点"[①]。

因此，我们不能同意这样一种观点，即认为"唯物史观的创立是对早期异化理论的否定"，因为这样一种说法是没有道理的，是一种理论上的傲慢与偏见。对此，我们只想用事实来回应：其一，这种说法无视了这样一个文本事实，即恩格斯在1884年所写的一段著名的话。恩格斯道："摩尔根在美国以他自己的方式，重新发现了四十年前马克思所发现的唯物主义历史观。"[②]"四十年前"正是马克思写成《手稿》的那一年。其二，如果我们承认《神圣家族》与《手稿》的"亲缘"关系，那么后来马克思、恩格斯关于《神圣家族》的回忆也证实了这一点。因此，有充分的论据表明，异化劳动理论既是标志马克思从《莱茵报》时期开始的两个根本转变的最后完成，又是马克思创立的包括多个组成部分在内的科学体系的开端与诞生地。它不仅直接为《神圣家族》《关于费尔巴哈的提纲》《德意志意识形态》做了理论准备，而且也在某种意义上为《资本论》开辟了道路、提供了指导线索和方法，其中，异化劳动理论及其所蕴涵的强烈的人类意识是使马克思最终得以阐释唯物史观和剩余价值理论以及完成其根本任务科学地解答历史之谜的钥匙。

难能可贵的是，在关于《手稿》的研究和讨论过程中，无论是在东方和西方，都有这样一些人：尽管他们的看法有许多应予以讨论的地方，但他们孜孜不倦地对《手稿》和马克思思想的发展进行了认真严肃的调查研究工作，并讲出了一些有根据的道理，作出了真实的贡

[①] 参见〔英〕吉登斯著，郭忠华、潘华凌译：《资本主义与现代社会理论——对马克思、涂尔干和韦伯著作的分析》，上海译文出版社2007年版，第3页。
[②] 〔德〕恩格斯：《家庭、私有制和国家的起源》，人民出版社1972年版，第3页。

三 《1844年经济学哲学手稿》的历史地位与现实启示

献,他们的研究成果理应受到尊重。《马克思恩格斯传》的作者、法国哲学家科尔纽这样评价《手稿》:马克思"1844年在巴黎革命无产阶级的直接影响下在巴黎写成的《经济学哲学手稿》,包含着对作为共产主义的科学基础的辩证唯物主义和历史唯物主义的初次阐发,因而标志着马克思思想上的一个决定性的转折点"[①]。

综上所述,客观地讲,在对《手稿》历史地位的评判问题上,无论是"顶点论"抑或"不成熟论",这种各执一端的两种不同倾向都是错误的、片面的。那么,到底应该如何科学对待《手稿》呢?关于这一点,我们稍后将作进一步的阐述。在这里,我们只想指出这样一个事实:《手稿》是马克思主义形成起点上的一部代表性著作,它既包含着新思想的萌芽和胚胎,又不可避免地带有旧思想的痕迹和影响,因此,人们在研究这部著作时,由于研究的出发点和方法等不同,必然会得出不同的结论。

2."关于人道主义与异化问题的大讨论"

实际上,如何看待马克思主义与人道主义的关系问题也是国内学界围绕《手稿》长期争论的一个重要话题。从时间节点上看,1979年以前,《手稿》被认为是马克思的不成熟的作品,是"费尔巴哈的人本主义"的,甚至是"历史唯心主义"的。1979年之后,随着思想的"解冻",中国理论界掀起了研究《手稿》的热潮。从讨论的内容上看,这些研究主要涉及人道主义与马克思主义的关系问题、人的异化问题、

---

① 〔法〕奥古斯特·科尔纽著,刘丕坤、王以铸、杨静远、管士滨译:《马克思恩格斯传》第2卷,生活·读书·新知三联书店1965年版,第275页。

共产主义理想问题等。一方面，大大推动了我国哲学界对人、实践的深入研究。但是，我们必须看到，在很长一段时期里，国内有相当一部分人把马克思主义和人道主义绝对对立起来，认为要么是唯物史观，要么是人道主义，二者不可兼容，因此或者用前者否定后者，或者用后者否定前者。而正是在这个问题上，肇始于西方的"两个马克思"，即所谓"青年马克思"和"老年马克思"，也即人道主义的马克思主义与唯物主义的马克思主义之间的对立论的思潮也在中国听到了回音。

谈及国内研讨《手稿》的情况时，就必须提及20世纪80年代初那场风靡全国的"关于人道主义和异化问题的大讨论"，而提及这场大讨论，就必须提及标志着这场大讨论的高潮的一个重要事件。

1983年3月7日，中宣部、中央党校、中国社科院、教育部在中央党校联合召开了"全国纪念马克思逝世100周年学术报告会"。曾长期担任文艺界领导工作的前中宣部副部长、中宣部顾问周扬在会上作了一个主题报告[①]，题为《关于马克思主义的几个理论问题的探讨》。在这篇报告中，周扬指出，过去在很长一段时期内，我们一直把人道主义作为修正主义来批判，认为它与马克思主义互不相容。他认为这种批判实际上有很大的片面性，有些甚至是错误的。事实上，过去对人性论、人道主义的错误批判，在理论上和实践上都带来了严重后果。这个教训必须汲取。在粉碎"四人帮"之后，人们迫切需要恢复

[①] 在周扬的学术报告会上，有这样一个细节：在中央党校礼堂里，当这场气氛热烈的学术报告结束后，掌声经久不息。出席这场报告会的时任中央党校校长王震、中央书记处书记兼中宣部长邓力群都走上前来与周扬握手。王震还好奇地问："我还有一个问题想向你请教：你说的'yihua'，这两个字是怎么写的？"实际上，他指的就是"异化"二字。这样一个细节，在一定意义上反映了20世纪80年代初的"手稿热"，同时也反映了人们当时对《手稿》的认知和研究状况。

三 《1844年经济学哲学手稿》的历史地位与现实启示

人的尊严、提高人的价值，这是对"四人帮"倒行逆施的否定，是完全应该的。他认为，我不赞成把马克思主义归结为人道主义，但是我们应该承认，马克思主义是包含人道主义的。一石激起千层浪。1984年1月，被誉为"中共中央一支笔"、当时党内的首席理论家胡乔木在中央党校同一地点发表了题为《关于人道主义和异化问题》的长篇讲话，对延续了数年的讨论提出了自己的看法。胡乔木在文章中指出，关于人道主义，有两个方面的含义：一个是作为世界观和历史观的人道主义；一个是作为伦理原则和道德规范的人道主义。他对前者提出了批评，并指出：作为伦理原则和道德规范的人道主义是可以和马克思主义相一致的。他认为，只有在这个意义上才能谈社会主义的人道主义。需要指出的是，胡乔木的文章对关于人道主义和异化问题的讨论作了总结，在社会上产生了极大的影响。此后，周扬、王若水所代表的观点一时沉寂，虽然从未绝迹，但大规模的讨论就此结束。当然，这不是我们论述的重点。我们研究的重点在于，国内所有这些讨论和研究，特别是关于人道主义与异化问题的大讨论，都与马克思的《手稿》有着十分密切的关联。值得一提的是，在国内关于人道主义和异化问题的这场大讨论中，有这样一个十分有趣的事实，那就是当时争辩双方都在援引马克思的同一段话，结果还争得不可开交，最后竟变成了好像"两个马克思"在"打架"。这是极富讽刺意义的。那么，究竟谁是真传、谁是赝品？我们认为：没有谁能够有资格和特权扮演判决者的角色来加以裁定。那么，由此便引申出一个重要的问题：今天的我们应该如何科学对待《手稿》？研究《手稿》正确的态度和方法又是什么呢？

3.如何科学对待《手稿》

在进入如何科学对待《手稿》这一问题之前，笔者想先就国内外关于《手稿》历史地位的争论作一个简评。

我们认为，"顶点论"抑或"不成熟论"看似势不两立、水火不容，实则内在相通、一丘之貉，二者都是在"成熟"与"不成熟"的两极对立中思考问题的。这种在绝对不相容的对立中思考问题的形而上学的思维方式本身就是"不成熟"的，甚至是有害的。"顶点论"和"不成熟论"都认为必须在人道主义的马克思主义与唯物主义的马克思主义之间作出选择：要么就是人道主义的马克思主义，要么就是唯物主义的马克思主义，二者不能兼容。实际上，这种各执一端的倾向和做法都是片面的、错误的。此外，我们认为，说马克思早年写的就不成熟、晚年写的就一定成熟，这种思维方式本身也是有问题的，甚至是有害的。实际上，由《手稿》思想内容和历史地位而引发的激烈争论，特别是"两个马克思"何者能够代表真正的马克思主义已经成为一个世界性的争论。马克思只能是"一个马克思"，我们应该尽可能摆脱这种毒害马克思主义研究的有关马克思著作的"二分法"。尽管马克思思想发展的前后存在差异，但是任何人为炮制"两个马克思"的对立论都是站不住脚的。

对待《手稿》，既不能有意过分美化《手稿》，主观人为地把它抬高到甚至超出成熟的马克思著作之上去，也决不能人为贬低或抹煞《手稿》，无视《手稿》应有的价值与意义。在对《手稿》的定位上，我们要特别留意这样一个著名论断：在《手稿》中，马克思曾指认《精神现象学》是"黑格尔哲学的真正诞生地和秘密"，在类比的意义

三 《1844年经济学哲学手稿》的历史地位与现实启示

上,毋宁说,《手稿》也是马克思主义学说的"真正诞生地和秘密"[①],实际上,这已为国内外诸多马克思哲学的研究者特别是《手稿》的研究者所公认。

那么,从方法论的意义上讲,到底应该如何科学对待《手稿》呢?从总体上看,只有坚持正确的立场、观点和方法,才能得出科学的结论。尽管我们不一定甚至不必"言必称马克思",但一定是行必依、事必用马克思主义的立场、观点和方法。因此,科学对待《手稿》,就必须坚持用马克思主义的立场、观点和方法来研究、评价《手稿》。具体而言,主要应做到以下几个方面:

第一,必须坚持历史唯物主义的态度,把《手稿》放到特定的历史条件下进行研究。就像人不能拔着自己的头发离开地球一样,任何作品都有其赖以产生的时代。因此,研究《手稿》必须突出其"历史感"。阿尔都塞曾评论道:"马克思,这位德国资产阶级子弟的思想演变,如同任何历史现象一样,是能够用历史唯物主义去解释清楚的。"[②]美国著名历史学家莫里斯·迈斯纳也曾经深刻地指出:"不能单纯地从理论的角度来讨论马克思主义",必须"把马克思主义理解成一种历史现象,按照理论所力图解释和改变的历史环境来分析马克思主义。进而言之,它要求根据具体的政治实践和变化着的历史条件对理论所产生的意义来分析马克思主义"[③]。

第二,必须坚持实事求是、辩证的研究方法,分清哪些是《手稿》中的积极成果即活的东西、哪些是旧的痕迹即死的东西。作为一

---

① 〔德〕马克思:《1844年经济学哲学手稿》,人民出版社2000年版,第97页。
② 〔法〕阿尔都塞著,顾良译:《保卫马克思》,商务印书馆2006年版,第72页。
③ 俞可平:《全球化时代的"马克思主义"》,中央编译出版社1998年版,第194页。

个原发性、开放性、"种子式"的文本,《手稿》本身就充满了无限的可能性。因此,我们既不能过低估计《手稿》中已有的积极成果以及其中具有理论生长点的活的东西的生命力,也不能有意夸大《手稿》中旧思想的痕迹以及已被马克思本人扬弃的内容的影响力,反之亦然。对待《手稿》,我们必须着眼于今天的实际,着眼于今天正在做的事情,在当代的语境下激活其"活"的东西,摒弃其"死"的东西。也就是说,我们要着重挖掘《手稿》中所包含的马克思主义理论的思想萌芽、胚胎,并给予其当代诠释。

第三,必须坚持把《手稿》置于整个马克思主义发展的历史脉络中进行评价。在对《手稿》的研究过程中,我们应该自觉把马克思和他本人、前人以及同时代人的思想联系起来进行分析,既要正确地分析《手稿》的思想观点和其前后马克思著作里的思想观点的区别和联系,又要科学地揭示马克思的思想与前人、同时代人的关系。事实上,只有这样,才能科学地评价《手稿》在马克思主义发展史中的地位,也才能有助于系统地、完整地、准确地把握马克思主义的基本原理及其精神实质。

事实上,如何科学对待《手稿》,牵涉如何科学对待马克思主义本身的问题。半个多世纪以前,德国女哲学家汉娜·阿伦特在普林斯顿大学关于马克思的讲座手稿《马克思与西方政治思想传统》中曾写道:"与当年传播马克思主义的困难相比,我们今天面临的如何看待马克思主义的困难,更是颇具学术性的工作。"[①] 她进一步分析了造成

[①] 〔德〕汉娜·阿伦特著,孙传钊译:《马克思与西方政治思想传统》,江苏人民出版社2007年版,第3页。

三 《1844年经济学哲学手稿》的历史地位与现实启示

这种困难的原因所在,"因为这种困难一开始就与政治有着紧密联系,不论赞成还是反对,都被还原成政党之间的冲突的立场"①。在这里,不管我们如何品评阿伦特对马克思的研究,重要的是,她所提出的问题即我们今天应该如何科学对待马克思主义无疑值得珍视,因为这即是我们当前所面临的难题和任务,是我们今天回归经典、重读《手稿》的题中应有之义。

(二)现实启示

毋庸置疑,《手稿》的出版堪称马克思主义发展史上一个真正的"大事件"。如上所述,《手稿》在西方现代哲学、西方马克思主义、苏联东欧思想界、当代中国思想理论界都引起了巨大的轰动,引发了人们对《手稿》一次次的解读与诠释,这已充分显示出《手稿》的价值和意义所在。美国社会学家、世界体系理论的代表人物伊曼纽尔·沃勒斯坦曾说,马克思经常被宣告死亡,也经常被宣告复活,因此,"对于任何一位达到马克思那样高度的思想家来说,值得首先根据当前的现实重温他的著作"②。当然,正如有学者所言,重温经典或解读文本,并不意味着一个类似于原教旨主义的步骤,而是一切真正的学术研究所始终必须采取的实质性步骤。就像一个依然具有活力和创造性的文明在遭遇重大挑战时有能力去反思其历史并从为其奠基的原始智慧中汲取新的动力一样,一种依然活着并且能够不断进取的学术,必然始终与其源头保持紧密的内在联系。从一定意义上讲,这也

---

① 〔德〕汉娜·阿伦特,孙传钊译:《马克思与西方政治思想传统》,江苏人民出版社2007年版,第4页。
② 俞可平主编:《全球化时代的"马克思主义"》,中央编译出版社1998年版,第19页。

正是我们今天重读《手稿》的题中应有之义！

如果说，在那个"谈人色变"的年代研读《手稿》多少显得有些不合时宜的话，那么，在今天这个"以人为本"的时代，我们完全可以理直气壮地研读《手稿》，从中汲取智慧和力量。在当代中国，我们首先应该着眼于中国现实特别是中国问题，在正本清源、返本开新的意义上重温马克思的《手稿》，彰显其重要的理论和现实意义。事实上，在中国特色社会主义现代化建设的生动实践中、在实现中华民族伟大复兴的"中国梦"的历史进程中，《手稿》正在并将越来越焕发出迷人的魅力和蓬勃的生命力。诚如沃勒斯坦所言："马克思还未耗尽其政治上的意义和精神上的潜能。"[①] 从这个意义上讲，《手稿》仍然是一个有待继续挖掘的马克思主义的"思想富矿"。

1. 马克思主义学说从创立之始就是一个有机整体

在《手稿》中，我们可以清楚地看到，马克思主义学说从创立之始就是一个有机整体。《手稿》第一次把哲学、政治经济学、科学社会主义有机地结合起来，奠定了马克思主义学说的整体性的理论雏形。但是，在现实生活中，我们所熟知的还是哲学、政治经济学、科学社会主义"三足鼎立"的马克思主义理论形象，而且，我们更多地也是从这三个方面进行分门别类的研究。应该说，这样一种研究对于推进马克思主义的研究走向深入发挥了重大作用。但是，由于学科分化甚至学科偏见导致我们"只见树木不见森林"，无形中消解了作为一个整体的马克思主义的理论形象，导致马克思主义的整体性的问题就被

[①] 俞可平主编：《全球化时代的"马克思主义"》，中央编译出版社1998年版，第20页。

三 《1844年经济学哲学手稿》的历史地位与现实启示

提上了议事日程。事实上,马克思主义理论本来就是一个整体。诚如西方马克思主义的早期代表人物卡尔·柯尔施所言:马克思主义理论实际上"是一种把社会发展作为活的整体来理解和把握的理论;或者更确切地说,它是一种把社会革命作为活的整体来把握和实践的理论"[①]。因此,深入研读《手稿》,有助于更加深刻地认识和把握马克思主义整体性的理论形象,这对于当前加强马克思主义的整体性研究[②]意义重大。当然,也正是因为这一点,从而形成了《手稿》既不同于马克思的其他著作,同时也是任何其他著作都无法代替的、不可磨灭的特殊历史地位和价值。

从一定意义上讲,《手稿》可以看作马克思主义理论整体性的一部创生大纲。在这部大纲中,马克思主义的整体性集中体现在了"主题"的整体性上,即马克思主义哲学、政治经济学和科学社会主义内在地统一于"人的解放"这样一个共同的主题上。换言之,人的解放揭示了马克思主义三个组成部分的内在关联。而正是在整体性这个意义上,国内著名学者高放先生曾提出将马克思主义定义为研究无产阶级和人类解放的科学,或人的解放学。当然,从"三个组成部分"去理解马克思主义也是有据可循的。众所周知,恩格斯曾在《反杜林论》中从三个方面回击了杜林对马克思主义的攻击,从而比较全面地论证了马克思主义"三个组成部分"之间的内在联系。后来,列宁在论述马克思的学说时也明确提出了马克思主义的"三个组成部分"与

[①] 〔德〕柯尔施著,王南湜等译:《马克思主义和哲学》,重庆出版社1989年版,第22—23页。

[②] 关于马克思主义整体性问题的研究,可参见韩庆祥、邱耕田、王虎学:《论马克思主义的整体性》,《哲学研究》2012年第8—9期。

"三大来源"。自此之后，在很长的一段时期内，人们对于马克思主义理论的理解就被定格为这样一种基本范式，即从德国古典哲学来理解马克思主义哲学的来源、从英国古典经济学来理解马克思主义政治经济学的来源、从英法空想社会主义来理解科学社会主义的来源。尽管马克思主义的整个学说体系远不止"三个组成部分"和"三个来源"，然而，这样去理解马克思的学说体系也并非没有道理。问题在于，这样一种传统解释框架看似合理，但实际上是有所欠缺的，因为它仅仅揭示了马克思主义三大组成部分之间的外在关联性，而弱化或忽视了三者之间的内在关联[①]。因此，对于《手稿》的深入研读，有助于我们进一步认识马克思主义理论框架中哲学、政治经济学、科学社会主义三者之间的内在关联性。

所以，研读《手稿》，能够有助于我们从整体上完整准确全面地认识马克思主义。当然，自从2005年底"马克思主义理论"被正式确立为国家的一级学科之后，这也在客观上提出了加强马克思主义整体性研究的必要性和迫切性，而《手稿》则恰恰可以看作马克思主义整体性理论形象的最初范本。

2.马克思关于人的学说构成了"以人为本""以人民为中心"的立论基础

在《手稿》中，马克思对于异化劳动理论和共产主义理论的阐述，对于资本主义条件下工人的生存状态和命运的深刻洞见，对于人

[①] 参见唐正东：《历史唯物主义的方法论视角及学术意义》，《中国社会科学》2013年第5期。

三 《1844年经济学哲学手稿》的历史地位与现实启示

的解放的孜孜探索等,初步构建了马克思主义关于人的学说。一言以蔽之,马克思关于人的学说构成了"以人为本""以人民为中心"治国方略的重要思想资源和立论基础。我们必须深刻地认识到:马克思主义的形成是从对人的科学理解开始的,人的解放和自由全面发展是全部马克思主义学说的主题,也是马克思主义追求的最高的价值目标,它是理解马克思主义的唯物史观、政治经济学和科学社会主义的基础和前提。事实上,改革开放以来,中国特色社会主义的生动实践正越来越鲜明地表现出马克思主义关于人的学说的当代价值,而以人为本的思想正是建立在这个坚实的马克思主义的理论基础之上的。因此,只有从马克思主义关于人的学说这个理论源头、理论基础出发,才能真正深刻地、准确地、完整地理解以人为本的思想。

所以,通过阅读《手稿》,我们在这里就必须对所谓的"马克思主义不讲人道主义"进行深入的分析和批判。在新中国成立以来的很长一段时期内,一些人认为马克思主义是不讲人性、不讲人权、不搞人道主义的,认为马克思主义与人道主义是根本对立的,因此,对于凡是带"人"字的字眼,如人性、人权、人的价值、人道主义等都不加分析和研究地大加批判,认为人道主义是资产阶级的意识形态和世界观,具有明显的资产阶级属性,并将其看作资产阶级的专利品,而似乎只有资产阶级才讲人性、保卫人权,主张和实行人道主义,认为人道主义的哲学基础是历史唯心主义,它的理论核心是人性论,实则是掩盖起来的资产阶级个人主义,人道主义与共产主义是两种根本对立的世界观和意识形态,以人道主义代替共产主义。现在看来,上述这些观点很显然都是附加在马克思主义名下的错误认识。因此,在"以人为本"的现时代，我们必须深刻地认识到：马克思主义始终贯穿着把人作为最高价值，把人的解放、人的自由个性的全面发展作为最高目标的人道主义原则。这一原则被置于唯物史观基础上，并与科学共产主义融为一体。关于这一点，我们在《手稿》中看得十分清楚：马克思用"异化劳动"揭露了资本主义社会的反人道的本质，认为"共产主义是私有财产即人的自我异化的积极的扬弃"，因而是"完成了的人道主义"。

3. 从源头和根基处把握马克思主义的精神实质，坚定理想信念

朱熹在《观书有感》中写道："半亩方塘一鉴开，天光云影共徘徊。问渠那得清如许，为有源头活水来。"研读《手稿》，有助于从源头和根基处把握马克思主义的精神实质，正本清源，坚定共产主义理想和信念。对于领导干部而言，这就意味着必须真正把人民群众的利益作为一切工作的根本出发点和落脚点。

重温《手稿》，有助于完整、准确地理解马克思主义，还原马克思主义的真实形象，把握马克思主义的精神实质。对于领导干部而言，更应该熟读马克思主义经典著作。关于这一点，毛泽东在1938年召开的党的六届六中全会上曾明确指出："在担负主要领导责任的观点上说，如果我们党有一百个至二百个系统地而不是零碎地、实际地而不是空洞地学会了马克思列宁主义的同志，就会大大地提高我们党的战斗力，并加速我们战胜日本帝国主义的工作。"[①]针对当今的情况来讲，如果我们党有一大批系统地而不是零碎地、实际地而不是空洞地掌握了马克思主义的高素质的领导干部，就会大大提高我们党的

---

① 《毛泽东选集》第2卷，人民出版社1991年版，第533页。

三 《1844年经济学哲学手稿》的历史地位与现实启示

整体战斗力和驾驭全局的领导力,进而大大加快发展中国特色社会主义事业的进程。

重温《手稿》,有助于坚定共产主义理想和信念。关于理想信念的重要性,习近平总书记在十八届中央政治局第一次集体学习时的讲话中就曾指出,坚定理想信念,坚守共产党人的精神追求,始终是共产党人安身立命的根本。对马克思主义的信仰,对社会主义和共产主义的信念,是共产党人的政治灵魂,是共产党人经受住任何考验的精神支柱。形象地说,理想信念就是共产党人精神上的"钙",没有理想信念或理想信念不坚定,精神上就会"缺钙",就会得"软骨病"。反观当代人面临的诸多困境与危机,无不与崇高信仰的缺失有关。在现实生活中,一些党员、干部出这样那样的问题,说到底是信仰迷茫、精神迷失的问题。

人生在世,总是需要一点信仰和精神的,共产党人特别是领导干部应该秉承一种什么样的精神呢?笔者认为这种精神就是"马克思的精神"。苏东剧变之后,法国后现代主义哲学大师德里达在其《马克思的幽灵》一书中大声疾呼:"不去阅读而且反复阅读和讨论马克思——可以说也包括其他一些人——而且是超越学者式的'阅读'和'讨论',将永远都是一个错误……不能没有马克思,没有对马克思的记忆,没有马克思的遗产,也就没有将来:无论如何得有某个马克思,得有他的才华,至少得有他的某种精神。"[①] 德里达在此呼吁的"马克思的精神"是一种什么样的精神呢?1835年8月12日,当时年仅17岁的马克思完成了他的中学毕业作文《青年在选择职业时的

---

① 〔法〕德里达著,何一译:《马克思的幽灵》,中国人民大学出版社1999年版,第21页。

考虑》。这篇文章是青年马克思思想发展的起点，反映了他当时的精神面貌，也表明了他愿意为全人类服务的决心。马克思在这里强调了一个重要思想：不应局限在狭隘的利己主义圈子里，而要寻求最大限度地造福于整个社会的道路和手段。在这篇文章中，马克思写下了这样一段意味深长的话："如果我们选择了最能为人类福利而劳动的职业，那么，重担就不能把我们压倒，因为这是为大家而献身；那时我们所感到的就不是可怜的、有限的、自私的乐趣，我们的幸福将属于千百万人，我们的事业将默默地、但是永恒发挥作用地存在下去，而面对我们的骨灰，高尚的人们将洒下热泪。"[1]笔者以为，这段话代表的正是共产党人需要的"马克思的精神"。尽管180多年过去了，今天，当我们再次重温这段文字的时候，仍然备受鼓舞和感动。如果我们共产党人特别是我们的领导干部都能够秉承"全心全意为人民服务"的宗旨，真正把人民群众的利益作为一切工作的根本出发点和落脚点，为人民的幸福而努力工作，那么，当前我们所努力全面推进的社会主义现代化事业、中华民族伟大复兴的事业，正如马克思所言，"将默默地、但是永恒发挥作用地存在下去"。[2]

---

[1] 《马克思恩格斯全集》第40卷，人民出版社1982年版，第7页。
[2] 《马克思恩格斯全集》第40卷，人民出版社1982年版，第7页。

附录

1844年经济学哲学手稿(节选)

[异化劳动和私有财产]

[XXII] 我们是从国民经济学的各个前提出发的。我们采用了它的语言和它的规律。我们把私有财产,把劳动、资本、土地的互相分离,工资、资本利润、地租的互相分离以及分工、竞争、交换价值概念等等当作前提。我们从国民经济学本身出发,用它自己的话指出,工人降低为商品,而且降低为最贱的商品;工人的贫困同他的产品的力量和数量成反比;竞争的必然结果是资本在少数人手中积累起来,也就是垄断的更惊人的恢复;最后,资本家和地租所得者之间、农民和工人之间的区别消失了,而整个社会必然分化为两个阶级,即**有产者**阶级和没有财产的**工人**阶级。

国民经济学从私有财产的事实出发。它没有给我们说明这个事实。它把私有财产在现实中所经历的**物质**过程,放进一般的、抽象的公式,然后把这些公式当作**规律**。它不**理解**这些规律,就是说,它没有指明这些规律是怎样从私有财产的本质中产生出来的。国民经济学没有向我们说明劳动和资本分离以及资本和土地分离的原因。例如，当它确定工资和资本利润之间的关系时，它把资本家的利益当作最终原因；就是说，它把应当加以阐明的东西当作前提。同样，竞争到处出现，对此则用外部情况来说明。至于这种似乎偶然的外部情况在多大程度上仅仅是一种必然的发展过程的表现，国民经济学根本没有向我们讲明。我们已经看到，交换本身在它看来是偶然的事实。**贪欲**以及**贪欲者之间的战争即竞争**，是国民经济学家所推动的仅有的车轮。①

正因为国民经济学不理解运动的联系，所以才把例如竞争的学说同垄断的学说，行业自由的学说同同业公会的学说，地产分割的学说同大地产的学说重新对立起来。因为竞争、行业自由、地产分割仅仅被阐述和理解为垄断、同业公会和封建所有制的偶然的、蓄意的、强制的结果，而不是必然的、不可避免的、自然的结果。

因此，我们现在必须弄清楚私有制，贪欲和劳动、资本、地产三者的分离之间，交换和竞争之间，人的价值和人的贬值之间，垄断和竞争等等之间，这全部异化和**货币**制度之间的本质联系。

我们不要像国民经济学家那样，当他想说明什么的时候，总是置身于一种虚构的原始状态。这样的原始状态什么问题也说明不了。国民经济学家只是使问题堕入五里雾中。他把应当加以推论的东西即两个事物之间的例如分工和交换之间的必然关系，假定为事实、事件。神学家也是这样用原罪来说明恶的起源，就是说，他把他应当加以说明的东西假定为一种具有历史形式的事实。

---

① 手稿中这段话下面删去一句话："我们现在必须回顾上述财产的物质运动的本质。"

我们且从**当前的**经济事实出发。

工人生产的财富越多，他的产品的力量和数量越大，他就越贫穷。工人创造的商品越多，他就越变成廉价的商品。物的世界的**增值**同人的世界的**贬值**成正比。劳动生产的不仅是商品，它生产作为**商品**的劳动自身和工人，而且是按它一般生产商品的比例生产的。

这一事实无非是表明：劳动所生产的对象，即劳动的产品，作为**一种异己的存在物**，作为**不依赖于**生产者的**力量**，同劳动相对立。劳动的产品是固定在某个对象中的、物化的劳动，这就是劳动的**对象化**。劳动的现实化就是劳动的对象化。在国民经济学假定的状况中，劳动的这种现实化表现为工人的**非现实化**，对象化表现为**对象的丧失和被对象奴役**，占有表现为**异化、外化**。

劳动的现实化竟如此表现为非现实化，以致工人非现实化到饿死的地步。对象化竟如此表现为对象的丧失，以致工人被剥夺了最必要的对象——不仅是生活的必要对象，而且是劳动的必要对象。甚至连劳动本身也成为工人只有通过最大的努力和极不规则的中断才能加以占有的对象。对对象的占有竟如此表现为异化，以致工人生产的对象越多，他能够占有的对象就越少，而且越受自己的产品即资本的统治。

这一切后果包含在这样一个规定中：工人对**自己的劳动的产品**的关系就是对一个**异己的**对象的关系。因为根据这个前提，很明显，工人在劳动中耗费的力量越多，他亲手创造出来反对自身的、异己的对象世界的力量就越强大，他自身、他的内部世界就越贫乏，归他所有的东西就越少。宗教方面的情况也是如此。人奉献给上帝的越多，他留给自身的就越少。工人把自己的生命投入对象；但现在这个生命已不再属于他而属于对象了。因此，这种活动越多，工人就越丧失对象。凡是成为他的劳动的产品的东西，就不再是他自身的东西。因此，这个产品越多，他自身的东西就越少。工人在他的产品中的**外化**，不仅意味着他的劳动成为对象，成为**外部的**存在，而且意味着他的劳动作为一种与他相异的东西不依赖于他而**在他之外**存在，并成为同他对立的独立力量；意味着他给予对象的生命是作为敌对的和相异的东西同他相对立。

[XXIII] 现在让我们来更详细地考察一下**对象化**，工人的生产，并且考察对象即工人产品在对象化中的**异化、丧失**。

没有**自然界**，没有**感性的外部世界**，工人什么也不能创造。它是工人的劳动得以实现、工人的劳动在其中活动、工人的劳动从中生产出和借以生产出自己的产品的材料。

但是，自然界一方面在这样的意义上给劳动提供**生活资料**，即没有劳动加工的对象，劳动就不能**存在**，另一方面，也在更狭隘的意义上提供**生活资料**，即维持**工人**本身的肉体生存的手段。

因此，工人越是通过自己的劳动占有外部世界、感性自然界，他就越是在两个方面失去**生活资料**：第一，感性的外部世界越来越不成为属于他的劳动的对象，不成为他的劳动的**生活资料**；第二，感性的外部世界越来越不给他提供直接意义的**生活资料**，即维持工人的肉体生存的手段。

因此，工人在这两方面成为自己的对象的奴隶：首先，他得到**劳动的对象**，也就是得到**工作**；其次，他得到**生存资料**。因此，他首先是作为**工人**，其次是作为**肉体的主体**，才能够生存。这种奴隶状态的顶点就是：他只有作为**工人**才能维持自己作为**肉体的主体**，并且只有作为**肉体的主体**才［能］是工人。

（按照国民经济学的规律，工人在他的对象中的异化表现在：工人生产得越多，他能够消费的越少；他创造价值越多，他自己越没有价值、越低贱；工人的产品越完美，工人自己越畸形；工人创造的对象越文明，工人自己越野蛮；劳动越有力量，工人越无力；劳动越机巧，工人越愚笨，越成为自然界的奴隶。）

国民经济学由于不考察工人（劳动）同产品的直接关系而掩盖劳动本质的异化。当然，劳动为富人生产了奇迹般的东西，但是为工人生产了赤贫。劳动生产了宫殿，但是给工人生产了棚舍。劳动生产了美，但是使工人变成畸形。劳动用机器代替了手工劳动，但是使一部分工人回到野蛮的劳动，并使另一部分工人变成机器。劳动生产了智慧，但是给工人生产了愚钝和痴呆。

劳动对它的产品的直接关系，是工人对他的生产的对象的关系。有产者对生产对象和生产本身的关系，不过是这前一种关系的结果，而且证实了这一点。对问题的这另一个方面我们将在后面加以考察。因此，当我们问劳动的本质关系是什么的时候，我们问的是工人对生产的关系。

以上我们只是从一个方面，就是从工人**对他的劳动产品的关系**这个方面，考察了工人的异化、外化。但是，异化不仅表现在结果上，而且表现在**生产行为**中，表现在**生产活动**本身中。如果工人不是在生产行为本身中使自身异化，那么工人活动的产品怎么会作为相异的东西同工人对立呢？产品不过是活动、生产的总结。因此，如果劳动的产品是外化，那么生产本身必然是能动的外化，活动的外化，外化的活动。在劳动对象的异化中不过总结了劳动活动本身的异化、外化。

那么，劳动的外化表现在什么地方呢？

首先，劳动对工人来说是**外在的东西**，也就是说，不属于他的本质；因此，他在自己的劳动中不是肯定自己，而是否定自己，不是感到幸福，而是感到不幸，不是自由地发挥自己的体力和智力，而是使自己的肉体受折磨、精神遭摧残。因此，工人只有在劳动之外才感到自在，而在劳动中则感到不自在，他在不劳动时觉得舒畅，而在劳动时就觉得不舒畅。因此，他的劳动不是自愿的劳动，而是被迫的**强制劳动**。因此，这种劳动不是满足一种需要，而只是满足劳动以外的那些需要的一种**手段**。劳动的异己性完全表现在：只要肉体的强制或其他强制一停止，人们会像逃避瘟疫那样逃避劳动。外在的劳动，人在其中使自己外化的劳动，是一种自我牺牲、自我折磨的劳动。最后，对工人来说，劳动的外在性表现在：这种劳动不是他自己的，而是别人的；劳动不属于他；他在劳动中也不属于他自己，而是属于别人。在宗教中，人的幻想、人的头脑和人的心灵的自主活动对个人发生作用不取决于他个人，就是说，是作为某种异己的活动，神灵的或魔鬼的活动发生作用，同样，工人的活动也不是他的自主活动。他的活动属于别人，这种活动是他自身的丧失。

因此，结果是，人（工人）只有在运用自己的动物机能——吃、喝、生殖，至多还有居住、修饰等等——的时候，才觉得自己在自由活动，而在运用人的机能时，觉得自己只不过是动物。动物的东西成为人的东西，而人的东西成为动物的东西。

吃、喝、生殖等等，固然也是真正的人的机能。但是，如果加以抽象，使这些机能脱离人的其他活动领域并成为最后的和惟一的终极目的，那它们就是动物的机能。

我们从两个方面考察了实践的人的活动即劳动的异化行为。第一，工人对**劳动产品**这个异己的、统治着他的对象的关系。这种关系同时也是工人对感性的外部世界、对自然对象——异己的与他敌对的世界——的关系。第二，在**劳动**过程中劳动对**生产行为**的关系。这种关系是工人对他自己的活动——一种异己的、不属于他的活动——的关系。在这里，活动是受动；力量是无力；生殖是去势；工人**自己的**体力和智力，他个人的生命——因为，生命如果不是活动，又是什么呢？——是不依赖于他、不属于他、转过来反对他自身的活动。这是**自我异化**，而上面所谈的是**物**的异化。

[XXIV] 我们现在还要根据在此以前考察的**异化劳动**的两个规定推出它的第三个规定。

人是类存在物，不仅因为人在实践上和理论上都把类——他自身的类以及其他物的类——当作自己的对象；而且因为——这只是同一种事物的另一种说法——人把自身当作现有的、有生命的类来对待，因为人把自身当作**普遍的**因而也是自由的存在物来对待。

无论是在人那里还是在动物那里，类生活从肉体方面来说就在于人（和动物一样）靠无机界生活，而人和动物相比越有普遍性，人赖以生活的无机界的范围就越广阔。从理论领域来说，植物、动物、石头、空气、光等等，一方面作为自然科学的对象，一方面作为艺术的对象，都是人的意识的一部分，是人的精神的无机界，是人必须事先进行加工以便享用和消化的精神食粮；同样，从实践领域来说，这些东西也是人的生活和人的活动的一部分。人在肉体上只有靠这些自然产品才能生活，不管这些产品是以食物、燃料、衣着的形式还是以住房等等的形式表现出来。在实践上，人的普遍性正是表现为这样的普遍性，它把整个自然界——首先作为人的直接的生活资料，其次作为人的生命活动的对象（材料）①和工具——变成人的无机的身体。自然界，就它自身不是人的身体而言，是人的**无机的身体**。人靠自然界**生活**。这就是说，自然界是人为了不致死亡而必须与之处于持续不断的交互作用过程的、人的**身体**。所谓人的肉体生活和精神生活同自然界相联系，不外是说自然界同自身相联系，因为人是自然界的一部分。

异化劳动，由于（1）使自然界,（2）使人本身，使他自己的活动机能，使他的生命活动同人相异化，也就使**类**同人相异化；对人来说，它把**类生活**变成维持个人生活的手段。第一，它使类生活和个人生活异化；第二，把抽象形式的个人生活变成同样是抽象形式和异化形式的类生活的目的。

因为，首先，劳动这种**生命活动**、这种**生产生活**本身对人来说不过是满足一种需要即维持肉体生存的需要的一种**手段**。而生产生活就是类生活。这是产生生命的生活。一个种的整体特性、种的类特性就在于生命活动的性质，而自由的有意识的活动恰恰就是人的类特性。生活本身仅仅表现为**生活的手段**。

动物和自己的生命活动是直接同一的。动物不把自己同自己的生

---

① 手稿中"材料"写在"对象"的上方。

命活动区别开来。它就是**自己的生命活动**。人则使自己的生命活动本身变成自己意志的和自己意识的对象。他具有有意识的生命活动。这不是人与之直接融为一体的那种规定性。有意识的生命活动把人同动物的生命活动直接区别开来。正是由于这一点，人才是类存在物。或者说，正因为人是类存在物，他才是有意识的存在物，就是说，他自己的生活对他来说是对象。仅仅由于这一点，他的活动才是自由的活动。异化劳动把这种关系颠倒过来，以致人正因为是有意识的存在物，才把自己的生命活动，自己的**本质**变成仅仅维持自己**生存**的手段。

通过实践创造**对象世界**，**改造**无机界，人证明自己是有意识的类存在物，就是说是这样一种存在物，它把类看作自己的本质，或者说把自身看作类存在物。诚然，动物也生产。它为自己营造巢穴或住所，如蜜蜂、海狸、蚂蚁等。但是，动物只生产它自己或它的幼仔所直接需要的东西；动物的生产是片面的，而人的生产是全面的；动物只是在直接的肉体需要的支配下生产，而人甚至不受肉体需要的影响也进行生产，并且只有不受这种需要的影响才进行真正的生产；动物只生产自身，而人再生产整个自然界；动物的产品直接属于它的肉体，而人则自由地面对自己的产品。动物只是按照它所属的那个种的尺度和需要来构造，而人懂得按照任何一个种的尺度来进行生产，并且懂得处处都把内在的尺度运用于对象；因此，人也按照美的规律来构造。

因此，正是在改造对象世界中，人才真正地证明自己是**类存在物**。这种生产是人的能动的类生活。通过这种生产，自然界才表现为

他的作品和他的现实。因此，劳动的对象是**人的类生活的对象化**：人不仅像在意识中那样在精神上使自己二重化，而且能动地、现实地使自己二重化，从而在他所创造的世界中直观自身。因此，异化劳动从人那里夺去了他的生产的对象，也就从人那里夺去了他的**类生活**，即他的现实的类对象性，把人对动物所具有的优点变成缺点，因为从人那里夺走了他的无机的身体即自然界。

同样，异化劳动把自主活动、自由活动贬低为手段，也就把人的类生活变成维持人的肉体生存的手段。

因此，人具有的关于自己的类的意识，由于异化而改变，以致类生活对他来说竟成了手段。

这样一来，异化劳动导致：

（3）**人的类本质**——无论是自然界，还是人的精神的类能力——变成对人来说是**异己的**本质，变成维持他的**个人生存的手段**。异化劳动使人自己的身体，同样使在他之外的自然界，使他的精神本质，他的**人的**本质同人相异化。

（4）人同自己的劳动产品、自己的生命活动、自己的类本质相异化的直接结果就是**人同人相异化**。当人同自身相对立的时候，他也同他人相对立。凡是适用于人对自己的劳动、对自己的劳动产品和对自身的关系的东西，也都适用于人对他人、对他人的劳动和劳动对象的关系。

总之，人的类本质同人相异化这一命题，说的是一个人同他人相异化，以及他们中的每个人都同人的本质相异化。

人的异化，一般地说，人对自身的任何关系，只有通过人对他人的关系才得到实现和表现。

因此，在异化劳动的条件下，每个人都按照他自己作为工人所具有的那种尺度和关系来观察他人。

[ⅩⅩⅤ]我们的出发点是经济事实即工人及其产品的异化。我们表述了这一事实的概念：**异化的、外化的**劳动。我们分析了这一概念，因而我们只是分析了一个经济事实。

现在让我们看一看，应该怎样在现实中去说明和表述异化的、外化的劳动这一概念。

如果劳动产品对我来说是异己的，是作为异己的力量面对着我，那么它到底属于谁呢？

如果我自己的活动不属于我，而是一种异己的活动、一种被迫的活动，那么它到底属于谁呢？

属于**另一个**有别于我的存在物。

这个存在物是谁呢？

是**神**吗？确实，起初主要的生产活动，如埃及、印度、墨西哥的神殿建造等等，是为了供奉神的，而产品本身也是属于神的。但是，神从来不单独是劳动的主人。**自然界**也不是。而且，下面这种情况多么矛盾：人越是通过自己的劳动使自然界受自己支配，神的奇迹越是由于工业的奇迹而变成多余，人就越是会为了讨好这些力量而放弃生产的乐趣和对产品的享受。

劳动和劳动产品所归属的那个**异己的**存在物，劳动为之服务和劳动产品供其享受的那个存在物，只能是**人自身**。

如果劳动产品不属于工人，并作为一种异己的力量同工人相对立，那么这只能是由于产品属于**工人之外的他人**。如果工人的活动对他本身来说是一种痛苦，那么这种活动就必然给他人带来享受和生活乐趣。不是神也不是自然界，只有人自身才能成为统治人的异己力量。

还必须注意上面提到的这个命题：人对自身的关系只有通过他对他人的关系，才成为对他来说是**对象性的、现实的**关系。因此，如果人对自己的劳动产品即对象化劳动的关系，就是对一个**异己的**、敌对的、强有力的、不依赖于他的对象的关系，那么他对这一对象所以发生这种关系就在于有另一个异己的、敌对的、强有力的、不依赖于他的人是这一对象的主人。如果人把他自己的活动看作一种不自由的活动，那么他是把这种活动看作替他人服务的、受他人支配的、处于他人的强迫和压制之下的活动。

人同自身和自然界的任何自我异化，都表现在他使自身和自然界跟另一些与他不同的人所发生的关系上。因此，宗教的自我异化也必然表现在世俗人对僧侣或者世俗人对耶稣基督——因为这里涉及精神世界——等等的关系上。在实践的、现实的世界中，自我异化只有通过对他人的实践的、现实的关系才能表现出来。异化借以实现的手段本身就是**实践的**。因此，通过异化劳动，人不仅生产出他对作为异己的、敌对的力量[①]的生产对象和生产行为的关系，而且还生产出他人对他的生产和他的产品的关系，以及他对这些他人的关系。正像他把他自己的生产变成自己的非现实化，变成对自己的惩罚一样，正像他丧失掉自己的产品并使它变成不属于他的产品一样，他也生产出不生产的人对生产和产品的支配。正像他使他自己的活动同自身相异化一

---

① 手稿中是 Menschen（人），不是 Mächte（力量）。

样，他也使与他相异的人占有非自身的活动。

到目前为止，我们只是从工人方面考察了这一关系；下面我们还要从非工人方面来加以考察。

总之，通过**异化的、外化的劳动**，工人生产出一个对劳动生疏的、站在劳动之外的人对这个劳动的关系。工人对劳动的关系，生产出资本家——或者不管人们给劳动的主人起个什么别的名字——对这个劳动的关系。

因此，**私有财产**是**外化劳动**即工人对自然界和对自身的外在关系的产物、结果和必然后果。

因此，我们通过分析，从**外化劳动**这一概念，即从**外化的人**、异化劳动、异化的生命、**异化的**人这一概念得出**私有财产**这一概念。

诚然，我们从国民经济学得到作为**私有财产运动**之结果的**外化劳动（外化的生命）**这一概念。但是，对这一概念的分析表明，尽管私有财产表现为外化劳动的根据和原因，但确切地说，它是外化劳动的后果，正像神**原先**不是人类理智迷误的原因，而是人类理智迷误的结果一样。后来，这种关系就变成相互作用的关系。

私有财产只有发展到最后的、最高的阶段，它的这个秘密才重新暴露出来，就是说，私有财产一方面是外化劳动的**产物**，另一方面又是劳动借以外化的**手段**，是**这一外化的实现**。

这些论述使至今没有解决的各种矛盾立刻得到阐明。

（1）国民经济学虽然从劳动是生产的真正灵魂这一点出发，但是它没有给劳动提供任何东西，而是给私有财产提供了一切。蒲鲁东从这个矛盾得出了有利于劳动而不利于私有财产的结论。然而，我们看到，这个表面的矛盾是**异化劳动**同自身的矛盾，而国民经济学只不过表述了异化劳动的规律罢了。

因此，我们也看到，**工资**和**私有财产**是同一的，因为用劳动产品、劳动对象来偿付劳动本身的工资，不过是劳动异化的必然后果，因为在工资中，劳动并不表现为目的本身，而表现为工资的奴仆。下面我们要详细说明这个问题，现在还只是作出几点[XXVI]结论。

强制**提高工资**（且不谈其他一切困难，不谈强制提高工资这种反常情况也只有靠强制才能维持），无非是**给奴隶以**较多**工资**，而且既不会使工人也不会使劳动获得人的身份和尊严。

甚至蒲鲁东所要求的**工资平等**，也只能使今天的工人对自己的劳动的关系变成一切人对劳动的关系。这时社会就被理解为抽象的资本家。

工资是异化劳动的直接结果，而异化劳动是私有财产的直接原因。因此，随着一方衰亡，另一方也必然衰亡。

（2）从异化劳动对私有财产的关系可以进一步得出这样的结论：社会从私有财产等等解放出来、从奴役制解放出来，是通过**工人解放**这种**政治**形式来表现的，这并不是因为这里涉及的仅仅是工人的解放，而是因为工人的解放还包含普遍的人的解放；其所以如此，是因为整个的人类奴役制就包含在工人对生产的关系中，而一切奴役关系只不过是这种关系的变形和后果罢了。

[私有财产和共产主义]

X补入第XXXIX页。但是，**无产**和**有产**的对立，只要还没有把它理解为**劳动**和**资本**的对立，它还是一种无关紧要的对立，一种没有从它的**能动关系**上、它的**内在**关系上来理解的对立，还没有作为**矛盾**来理解的对立。这种对立即使没有私有财产的前进运动也能以**最初的**形式表现出来，如在古罗马、土耳其等。因此，它还不**表现为**由私有财产本身设定的对立。但是，作为财产之排除的劳动，即私有财产的主体本质，和作为劳动之排除的资本，即客体化的劳动，——这就是作为上述对立发展到矛盾关系的、因而促使矛盾得到解决的能动关系的**私有财产**。

XX补入同一页。自我异化的扬弃同自我异化走的是一条道路。最初，对**私有财产**只是从它的客体方面来考察，——但是劳动仍然被看成它的本质。因此，它的存在形式就是"本身"应被消灭的**资本**。（蒲鲁东。）或者，劳动的**特殊方式**，即划一的、分散的因而是不自由的劳动，被理解为私有财产的**有害性**的和它同人相异化的存在的根源——**傅立叶**，他和重农学派一样，也把**农业劳动**看成至少是**最好的**劳动，而**圣西门**则相反，他把**工业劳动**本身说成本质，因此他渴望工业家**独占**统治，渴望改善工人状况。[①]最后，**共产主义**是扬弃了的私有财产的**积极**表现；起先它是作为**普遍的**私有财产出现的。共产主义是从私有财产的**普遍性**来看私有财产关系，所以共产主义

（1）在它的最初的形式中不过是这种关系的**普遍化**和**完成**。这样的共产主义以双重的形式表现出来：首先，**物质的**财产对它的统治力量如此之大，以致它想把不能被所有人作为**私有财产**占有的一切都消灭；它想用**强制的**方法把才能等等抛弃。在它看来，物质的直接的

[①] 圣西门的这些论点，见他的《实业家问答》1824年巴黎版。

占有是生活和存在的惟一目的；**工人**这个规定并没有被取消，而是被推广到一切人身上；私有财产关系仍然是共同体同实物世界的关系；最后，用普遍的私有财产来反对私有财产这个运动是以一种动物的形式表现出来的：用**公妻制**——也就是把妇女变为**公有的**和**共有的**财产——来反对**婚姻**（它确实是一种**排他性的私有财产的形式**）。人们可以说，**公妻制**这种思想是这个仍然十分粗陋的和无思想的共产主义的**昭然若揭的秘密**。正像妇女从婚姻转向普遍卖淫一样，财富——人的对象性的本质——的整个世界，也从它同私有者的排他性的婚姻的关系转向它同共同体的普遍卖淫关系。这种共产主义——由于到处否定人的**个性**——只不过是私有财产的彻底表现，私有财产就是这种否定。普遍的和作为权力而形成的**忌妒心**，是**贪财欲**所采取的并且只是用**另一种**方式使自己得到满足的隐蔽形式。任何私有财产，就它本身而言，**至少**对**较富裕**的私有财产怀有忌妒心和平均主义欲望，这种忌妒心和平均主义欲望甚至构成竞争的本质。粗陋的共产主义[①]不过是这种忌妒心和这种从**想像**的最低限度出发的平均主义的完成。它具有一个**特定的、有限制的**尺度。对整个文化和文明的世界的抽象否定，向**贫穷的**、需求不高的人——他不仅没有超越私有财产的水平，甚至从来没有达到私有财产的水平——的**非自然的**[ⅠⅤ]简单状态的倒退，恰恰证明私有财产的这种扬弃决不是真正的占有。

共同性只是**劳动**的共同性以及由共同的资本——作为普遍的资本家的**共同体**——所支付的**工资**的平等的共同性。关系的两个方面被提高到**想像**的普遍性：**劳动**是为每个人设定的天职，而**资本**是共同体

---

① 手稿中是"共产主义者"。

的公认的普遍性和力量。

把**妇女**当作共同淫欲的**掳获物**和婢女来对待，这表现了人在对待自身方面的无限的退化，因为这种关系的秘密在**男人**对**妇女**的关系上，以及在对**直接的、自然的**类关系的理解方式上，都**毫不含糊地**、确凿无疑地、**明显地**、露骨地表现出来。人对人的直接的、自然的、必然的关系是**男人**对**妇女的关系**。在这种**自然的**类关系中，人对自然的关系直接就是人对人的关系，正像人对人的关系直接就是人对自然的关系，就是他自己的**自然的**规定。因此，这种关系通过**感性的**形式，作为一种显而易见的**事实，表现出**人的本质在何种程度上对人来说成为自然，或者自然在何种程度上成为人具有的人的本质。因此，从这种关系就可以判断人的整个文化教养程度。从这种关系的性质就可以看出，**人**在何种程度上对自己来说成为并把自身理解为**类存在物、人**。男人对妇女的关系是人对人**最自然的**关系。因此，这种关系表明人的**自然的**行为在何种程度上成为**人的**行为，或者，**人的**本质在何种程度上对人来说成为**自然的**本质，他的**人的本性**在何种程度上对他来说成为**自然**。这种关系还表明，人具有的**需要**在何种程度上成为**人的**需要，就是说，**别人**作为人在何种程度上对他来说成为需要，他作为个人的存在在何种程度上同时又是社会存在物。

由此可见，对私有财产的最初的积极的扬弃，即**粗陋的**共产主义，不过是想把自己设定为**积极的共同体**的私有财产的卑鄙性的一种**表现形式**。

（2）共产主义（α）还具有政治性质，是民主的或专制的；（β）是废除国家的，但同时是还未完成的，总还是处于私有财产即人的异化的影响下。这两种形式的共产主义都已经认识到自己是人向自身的还原或复归，是人的自我异化的扬弃；但是，因为它还没有理解私有财产的积极的本质，也还不了解需要所具有的**人的**本性，所以它还受私有财产的束缚和感染。它虽然已经理解私有财产这一概念，但是还不理解它的本质。

（3）**共产主义是私有财产**即**人的自我异化的积极的**扬弃，因而是通过人并且为了人而对**人的**本质的真正**占有**；因此，它是人向自身、向**社会的**即合乎人性的人的复归，这种复归是完全的，自觉的和在以往发展的全部财富的范围内生成的。这种共产主义，作为完成了的自然主义＝人道主义，而作为完成了的人道主义＝自然主义，它是人和自然界之间、人和人之间的矛盾的**真正**解决，是存在和本质、对象化和自我确证、自由和必然、个体和类之间的斗争的真正解决。它是历史之谜的解答，而且知道自己就是这种解答。

[Ⅴ]因此，历史的全部运动，既是它的**现实的**产生活动——它的经验存在的诞生活动，——同时，对它的思维着的意识来说，又是它的**被理解和被认识到的生成**运动。而上述尚未完成的共产主义从各个与私有财产相对立的历史形式中为自己寻找**历史的**证明——在持续存在中的证明，同时它从运动中抽出个别环节（卡贝、维尔加德尔等人尤其喜欢卖弄这一套），把它们作为自己是历史的纯种的证明固定下来；但是，它这样做恰好说明：历史运动的绝大部分是同它的论断不一致的，如果它曾经存在过，那么它的这种**过去的**存在恰恰反驳了对**本质**的奢求。

不难看到，整个革命运动必然在**私有财产**的运动中，即在经济的运动中，为自己既找到经验的基础，也找到理论的基础。

这种**物质的**、直接**感性的**私有财产，是**异化了的人**的生命的物质的、感性的表现。私有财产的运动——生产和消费——是迄今为止全部生产的运动的**感性**展现，就是说，是人的实现或人的现实。宗教、家庭、国家、法、道德、科学、艺术等等，都不过是生产的一些**特殊的**方式，并且受生产的普遍规律的支配。因此，对**私有财产**的积极的扬弃，作为对**人的**生命的占有，是对一切异化的积极的扬弃，从而是人从宗教、家庭、国家等等向自己的**人的**存在即**社会的**存在的复归。宗教的异化本身只是发生在**意识**领域、人的内心领域中，而经济的异化是**现实生活**的异化，——因此对异化的扬弃包括两个方面。不言而喻，在不同的民族那里，运动从哪个领域**开始**，这要看一个民族的真正的、**公认的**生活主要是在意识领域中还是在外部世界中进行，这种生活更多地是观念的生活还是现实的生活。共产主义是径直从无神论开始的（**欧文**），而**无神论**最初还根本不是**共产主义**；那种无神论主要还是一个抽象。——因此，无神论的博爱最初还只是**哲学的**、抽象的博爱，而共产主义的博爱则径直是**现实的**和直接追求**实效的**。——

我们已经看到，在被积极扬弃的私有财产的前提下，人如何生产人——他自己和别人；直接体现他的个性的对象如何是他自己为别人的存在，同时是这个别人的存在，而且也是这个别人为他的存在。但是，同样，无论是劳动的材料还是作为主体的人，都既是运动的结果，又是运动的出发点（并且二者必须是这个**出发点**，私有财产的历史**必然性**就在于此）。因此，社会性质是整个运动的普遍性质；**正像**

社会本身生产作为**人**的**人**一样，社会也是由人**生产**的。活动和享受，无论就其内容或就其**存在方式**来说，都是**社会的**活动和**社会的**享受。自然界的**人的**本质只有对**社会的**人来说才是存在的；因为只有在社会中，自然界对人来说才是人与**人联系的纽带**，才是他为别人的存在和别人为他的存在，只有在社会中，自然界才是人自己的**人的**存在的**基础**，才是人的现实的生活要素。只有在社会中，人的**自然的**存在对他来说才是自己的**人的**存在，并且自然界对他来说才成为人。因此，**社会**是人同自然界的完成了的本质的统一，是自然界的真正复活，是人的实现了的自然主义和自然界的实现了的人道主义。①

[Ⅵ] 社会的活动和社会的享受决**不仅仅**存在于**直接**共同的活动和直接**共同的**享受这种形式中，虽然**共同的**活动和**共同的**享受，即直接通过同别人的**实际交往**表现出来和得到确证的那种活动和享受，在社会性的上述**直接**表现以这种活动的内容的本质为根据并且符合其本性的地方都会出现。

甚至当我从事**科学**之类的活动，即从事一种我只在很少情况下才能同别人进行直接联系的活动的时候，我也是**社会的**，因为我是作为**人**活动的。不仅我的活动所需的材料——甚至思想家用来进行活动的语言——是作为社会的产品给予我的，而且我**本身的**存在**是**社会的活动；因此，我从自身所做出的东西，是我从自身为社会做出的，并且意识到我自己是社会存在物。

我的**普遍**意识不过是以**现实**共同体、社会存在物为**生动**形式的

---

① 马克思在这一页结尾标示的通栏线下面写了一句话："卖淫不过是**工人普遍**卖淫的一个**特殊**表现，因为卖淫是一种关系，它不仅包括卖淫者，而且包括逼人卖淫者——后者的下流无耻尤为严重——，因此，资本家等等，也包括在卖淫这一范畴中。"

那个东西的**理论**形式，而在今天，**普遍**意识是现实生活的抽象，并且作为这样的抽象是与现实生活相敌对的。因此，我的普遍意识的**活动**——作为一种活动——也是我作为社会存在物的**理论**存在。

首先应当避免重新把"社会"当作抽象的东西同个体对立起来。**个体是社会存在物**。因此，他的生命表现，即使不采取**共同的**、同他人一起完成的生命表现这种直接形式，也**是社会生活**的表现和确证。人的个体生活和类生活不是**各不相同的**，尽管个体生活的存在方式是——必然是——类生活的较为**特殊的**或者较为**普遍的**方式，而类生活是较为**特殊的**或者较为**普遍的**个体生活。

作为**类意识**，人确证自己的现实的**社会生活**，并且只是在思维中复现自己的现实存在；反之，类存在则在类意识中确证自己，并且在自己的普遍性中作为思维着的存在物自为地存在着。

因此，人是一个**特殊的**个体，并且正是他的特殊性使他成为一个个体，成为一个现实的、**单个的**社会存在物，同样，他也是**总体**，观念的总体，被思考和被感知的社会的自为的主体存在，正如他在现实中既作为对社会存在的直观和现实享受而存在，又作为人的生命表现的总体而存在一样。

可见，思维和存在虽有**区别**，但同时彼此又处于**统一**中。

死似乎是类对**特定的**个体的冷酷的胜利，并且似乎是同它们的统一相矛盾的；但是，特定的个体不过是一个**特定的类存在物**，而作为这样的存在物是迟早要死的。

//（4）**私有财产**不过是下述情况的感性表现：人变成对自己来说是**对象性的**，同时，确切地说，变成异己的和非人的对象；他的生命表现就是他的生命的外化，他的现实化就是他的非现实化，就是**异己的现实**。同样，对私有财产的积极的扬弃，就是说，为了人并且通过人对人的本质和人的生命、对象性的人和人的**作品**的**感性的**占有，不应当仅仅被理解为**直接的**、片面的**享受**，不应当仅仅被理解为**占有、拥有**。人以一种全面的方式，就是说，作为一个总体的人，占有自己的全面的本质。人对世界的任何一种**人的**关系——视觉、听觉、嗅觉、味觉、触觉、思维、直观、情感、愿望、活动、爱，——总之，他的个体的一切器官，正像在形式上直接是社会的器官的那些器官一样，[VII] 是通过自己的**对象性**关系，即通过自己同对象的**关系**而对对象的占有，对**人的**现实的占有；这些器官同对象的关系，是**人的现实的实现**（因此，正像人的**本质规定**和**活动**是多种多样的一样，人的现实也是多种多样的），是人的**能动**和人的**受动**，因为按人的方式来理解的受动，是人的一种自我享受。//

// 私有制使我们变得如此愚蠢而片面，以致一个对象，只有当它为我们拥有的时候，就是说，当它对我们来说作为资本而存在，或者它被我们直接占有，被我们吃、喝、穿、住等等的时候，简言之，在它被我们**使用**的时候，才是**我们的**。尽管私有制本身又把占有的这一切直接实现仅仅看作**生活手段**，而它们作为手段为之服务的那种生活，是**私有制的生活**——劳动和资本化。//

// 因此，**一切**肉体的和精神的感觉都被这**一切**感觉的单纯异化即**拥有**的感觉所代替。人这个存在物必须被归结为这种绝对的贫困，这样他才能够从自身产生出他的内在丰富性。（关于**拥有**这个范畴，见《二十一印张》文集中**赫斯**的论文。）//

//因此，对私有财产的扬弃，是人的一切感觉和特性的彻底**解放**；但这种扬弃之所以是这种解放，正是因为这些感觉和特性无论在主体上还是在客体上都成为**人的**。眼睛成为**人的**眼睛，正像眼睛的**对象**成为社会的、**人的**、由人并为了人创造出来的对象一样。因此，**感觉**在自己的实践中直接成为**理论家**。感觉为了物而同**物**发生关系，但物本身是对自身和对人的一种**对象性的、人的**关系，反过来也是这样。////当物按人的方式同人发生关系时，我才能在实践上按人的方式同物发生关系。因此，需要和享受失去了自己的**利己主义**性质，而自然界失去了自己的纯粹的**有用性**，因为效用成了**人的**效用。

同样，别人的感觉和精神也成为我**自己的**占有。因此，除了这些直接的器官以外，还以社会的**形式**形成**社会的**器官。例如，同他人直接交往的活动等等，成为我的**生命表现**的器官和对**人的**生命的一种占有方式。

不言而喻，**人的**眼睛与野性的、非人的眼睛得到的享受不同，人的**耳朵**与野性的耳朵得到的享受不同，如此等等。

我们知道，只有当对象对人来说成为**人的**对象或者说成为对象性的人的时候，人才不致在自己的对象中丧失自身。只有当对象对人来说成为**社会的**对象，人本身对自己来说成为社会的存在物，而社会在这个对象中对人来说成为本质的时候，这种情况才是可能的。//

//因此，一方面，随着对象性的现实在社会中对人来说到处成为人的本质力量的现实，成为人的现实，因而成为人**自己的**本质力量的现实，一切**对象**对他来说也就成为他自身的**对象化**，成为确证和实现他的个性的对象，成为**他的**对象，这就是说，对象成为**他自身**。对象**如何**对他来说成为他的对象,这取决于**对象的性质**以及与之相适应的**本质力量**的性质;因为正是这种关系的**规定性**形成一种特殊的、**现实的**肯定方式。**眼睛**对对象的感觉不同于**耳朵**,眼睛的对象**是**不同于**耳朵**的对象的。每一种本质力量的独特性,恰好就是这种本质力量的**独特的本质**,因而也是它的对象化的独特方式,它的**对象性的、现实的、**活生生的**存在**的独特方式。因此,人不仅通过思维,[VIII]而且以**全部**感觉在对象世界中肯定自己。

另一方面,即从主体方面来看:只有音乐才激起人的音乐感;对于没有音乐感的耳朵来说,最美的音乐**毫无**意义,**不是**对象,因为我的对象只能是我的一种本质力量的确证,就是说,它只能像我的本质力量作为一种主体能力自为地存在着那样才对我而存在,因为任何一个对象对我的意义(它只是对那个与它相适应的感觉来说才有意义)恰好都以**我的**感觉所及的程度为限。因此,社会的人的**感觉不同于**非社会的人的感觉。只是由于人的本质客观地展开的丰富性,主体的、**人的感性**的丰富性,如有音乐感的耳朵、能感受形式美的眼睛,总之,那些能成为人的享受的感觉,即确证自己是**人的**本质力量的**感觉**,才一部分发展起来,一部分产生出来。因为,不仅五官感觉,而且连所谓精神感觉、实践感觉(意志、爱等等),一句话,**人的**感觉、感觉的人性,都是由于**它的**对象的存在,由于**人化的**自然界,才产生出来的。

五官感觉的**形成**是迄今为止全部世界历史的产物。囿于粗陋的实际需要的**感觉**,也只具有**有限的**意义。// 对于一个挨饿的人来说并不存在人的食物形式,而只有作为食物的抽象存在;食物同样也可能具有最粗糙的形式,而且不能说,这种进食活动与**动物的**进食活动有什么不同。忧心忡忡的、贫穷的人对最美丽的景色都没有什么**感觉**；经营矿物的商人只看到矿物的商业价值，而看不到矿物的美和独特性；他没有矿物学的感觉。因此，一方面为了使人的**感觉**成为**人的**，另一方面为了创造同人的本质和自然界的本质的全部丰富性相适应的**人的感觉**，无论从理论方面还是从实践方面来说，人的本质的对象化都是必要的。

通过**私有财产**及其富有和贫困——或物质的和精神的富有和贫困——的运动，正在生成的社会发现这种**形成**所需的全部材料；//**同样，已经生成的**社会，创造着具有人的本质的这种全部丰富性的人，创造着**具有丰富的、全面而深刻的感觉**的人作为这个社会的恒久的现实。——//

我们看到，主观主义和客观主义，唯灵主义和唯物主义，活动和受动，只是在社会状态中才失去它们彼此间的对立，从而失去它们作为这样的对立面的存在；//我们看到，**理论的**对立本身的解决，**只有**通过**实践**方式，只有借助于人的实践力量，才是可能的；因此，这种对立的解决绝对不只是认识的任务，而是**现实**生活的任务，而**哲学**未能解决这个任务，正是因为哲学把这**仅仅**看作理论的任务。——//

//我们看到，**工业**的历史和工业的已经生成的**对象性的**存在，是一本**打开了的关于人的本质力量**的书，是感性地摆在我们面前的人的**心理学**；对这种心理学人们至今还没有从它同人的**本质**的联系，而总是仅仅从外在的有用性这种关系来理解，因为在异化范围内活动的人们仅仅把人的普遍存在，宗教，或者具有抽象普遍本质的历史，如政治、艺术和文学等等，[IX]理解为人的本质力量的现实性和**人的类**

活动。在**通常的、物质的工业**中（人们可以把这种工业理解为上述普遍运动的一部分，正像可以把这个运动本身理解为工业的一个**特殊**部分一样，因为全部人的活动迄今为止都是劳动，也就是工业，就是同自身相异化的活动），人的**对象化的本质力量**以**感性的、异己的、有用的对象**的形式，以异化的形式呈现在我们面前。如果**心理学**还没有打开这本书即历史的这个恰恰最容易感知的、最容易理解的部分，那么这种心理学就不能成为内容确实丰富的和**真正的**科学。// 如果科学从人的活动的如此广泛的丰富性中只知道那种可以用"**需要**"、"**一般需要！**"的话来表达的东西，那么人们对于这种**高傲地**撇开人的劳动的这一巨大部分而不感觉自身不足的科学究竟应该怎样想呢？——

自然科学展开了大规模的活动并且占有了不断增多的材料。而哲学对自然科学始终是疏远的，正像自然科学对哲学也始终是疏远的一样。过去把它们暂时结合起来，不过是**离奇的幻想**。存在着结合的意志，但缺少结合的能力。甚至历史学也只是顺便地考虑到自然科学，仅仅把它看作是启蒙、有用性和某些伟大发现的因素。然而，自然科学却通过工业日益**在实践上**进入人的生活，改造人的生活，并为人的解放作准备，尽管它不得不直接地使非人化充分发展。**工业**是自然界对人，因而也是自然科学对人的**现实的**历史关系。因此，如果把工业看成人的**本质力量**的**公开的**展示，那么自然界的**人的**本质，或者人的**自然的**本质，也就可以理解了；因此，自然科学将失去它的抽象物质的方向或者不如说是唯心主义的方向，并且将成为**人的**科学的基础，正像它现在已经——尽管以异化的形式——成了真正人的生活的基础一样；说生活还有**别的**什么基础，**科学**还有别的什么基础——

附录 1844年经济学哲学手稿（节选）

这根本就是谎言。//在人类历史中即在人类社会的形成过程中生成的自然界，是人的**现实的**自然界；因此，通过工业——尽管以**异化**的形式——形成的自然界，是真正的、**人本学的**自然界。——//

感性（见费尔巴哈）必须是一切科学的基础。科学只有从**感性**意识和**感性**需要这两种形式的感性出发，因而，科学只有从自然界出发，才是**现实的**科学。[1]可见，全部历史是为了使"人"成为**感性**意识的对象和使"人作为人"的需要成为需要而作准备的历史（发展的历史）[2]。历史本身是**自然史**的即自然界生成为人这一过程的一个**现实**部分。自然科学往后将包括关于人的科学，正像关于人的科学包括自然科学一样：这将是**一门科学**。[X]人是自然科学的直接对象；因为直接的**感性自然界**，对人来说直接是**人的感性**（这是同一个说法），直接是**另一个**对他来说感性地存在着的人；因为他自己的感性，只有通过**别人**，才对他本身来说是人的感性。但是，**自然界**是**关于人的科学**的直接对象。人的第一个对象——人——就是自然界、感性；而那些特殊的、人的、感性的本质力量，正如它们只有在**自然**对象中才能得到客观的实现一样，只有在关于一般自然界的科学中才能获得它们的自我认识。思维本身的要素，思想的生命表现的要素，即**语言**，是感性的自然界。自然界的**社会的**现实和**人的**自然科学或**关于人的自然科学**，是同一个说法。——

//我们看到，**富有的人**和富有的**人的**需要代替了国民经济学上的

---

[1] 路·费尔巴哈《关于哲学改革的临时纲要》（《德国现代哲学和政论界轶文集》1843年苏黎世—温特图尔版第2卷第84—85页）以及《未来哲学原理》1843年苏黎世—温特图尔版第58—70页。

[2] 手稿中"发展的历史"写在"作准备的历史"的上方。

富有和**贫困**。**富有的**人同时就是**需要**有总体的人的生命表现的人,在这样的人的身上,他自己的实现作为内在的必然性、作为**需要**而存在。不仅人的**富有**,而且人的**贫困**,——在社会主义的前提下——同样具有**人的**因而是社会的意义。贫困是被动的纽带,它使人感觉到需要最大的财富即**别人**。因此,对象性的本质在我身上的统治,我的本质活动的感性爆发,是**激情**,从而激情在这里就成了我的本质的**活动**。——//

(5)任何一个**存在物**只有当它用自己的双脚站立的时候,才认为自己是独立的,而且只有当它依靠自己而**存在**的时候,它才是用自己的双脚站立的。靠别人恩典为生的人,把自己看成一个从属的存在物。但是,如果我不仅靠别人维持我的生活,而且别人还**创造了**我的**生活**,别人还是我的生活的**泉源**,那么我就完全靠别人的恩典为生;如果我的生活不是我自己的创造,那么我的生活就必定在自身之外有这样一个根源。因此,**创造**[Schöpfung]是一个很难从人民意识中排除的观念。自然界的和人的通过自身的存在,对人民意识来说是**不能理解的**,因为这种存在是同实际生活的一切**明显的事实**相矛盾的。

大地创造说,受到了**地球构造学**即说明地球的形成、生成是一个过程、一种自我产生的科学的致命打击。自然发生说是对创世说[Schöpfungstheorie]的惟一实际的驳斥。

现在对单个人讲讲亚里士多德已经说过的下面这句话,当然是容易的:你是你父亲和你母亲所生;这就是说,在你身上,两个人的交媾即人的类行为生产了人。[①]这样,你看到,人的肉体的存在也要归

---

① 参看亚里士多德《形而上学》第8卷第4章。有关论述还可参看乔·威·弗·黑格尔《自然哲学讲演录》1842年柏林版第2部分第646—647页。

功于人。因此，你应该不是仅仅注意**一个**方面即**无限的**过程，由于这个过程你会进一步发问：谁生出了我的父亲？谁生出了他的祖父？等等。你还应该紧紧盯住这个无限过程中的那个可以通过感觉直观的**循环运动**，由于这个运动，人通过生儿育女使自身重复出现，因而**人**始终是主体。

但是，你会回答说：我向你承认这个循环运动，那么你也要向我承认那个无限的过程，这过程驱使我不断追问，直到我提出问题：谁生出了第一个人和整个自然界？

我只能对你作如下的回答：你的问题本身就是抽象的产物。请你问一下自己，你是怎样想到这个问题的；请你问一下自己，你的问题是不是来自一个因为荒谬而使我无法回答的观点。请你问一下自己，那个无限的过程本身对理性的思维来说是否存在。既然你提出自然界和人的创造问题，你也就把人和自然界抽象掉了。你设定它们是**不存在的**，你却希望我向你证明它们是**存在的**。那我就对你说：放弃你的抽象，你也就会放弃你的问题，或者，你想坚持自己的抽象，你就要贯彻到底，如果你设想人和自然界是**不存在的**，[XI] 那么你就要设想你自己也是不存在的，因为你自己也是自然界和人。不要那样想，也不要那样向我提问，因为一旦你那样想，那样提问，你把自然界的和人的存在**抽象掉**，这就没有任何意义了。也许你是个设定一切都不存在，而自己却想存在的利己主义者吧？

你可能反驳我：我并不想设定自然界等等不存在；我是问你自然界的**形成过程**，正像我问解剖学家骨骼如何形成等等一样。

但是，因为对社会主义的人来说，**整个所谓世界历史**不外是人通过人的劳动而诞生的过程,是自然界对人来说的生成过程,所以关于他通过自身而**诞生**、关于他的**形成过程**,他有直观的、无可辩驳的证明。因为人和自然界的**实在性**,即人对人来说作为自然界的存在以及自然界对人来说作为人的存在,已经成为实际的、可以通过感觉直观的,所以关于某种**异己的**存在物、关于凌驾于自然界和人之上的存在物的问题,即包含着对自然界的和人的非实在性的承认的问题,实际上已经成为不可能的了。**无神论**,作为对这种非实在性的否定,已不再有任何意义,因为无神论是**对神的否定**,并且通过这种否定而设定**人的存在**;但是,社会主义作为社会主义已经不再需要这样的中介;它是从把人和自然界看作**本质**这种**理论上和实践上的感性意识**开始的。社会主义是人的不再以宗教的扬弃为中介的**积极的自我意识**,正像**现实生活**是人的不再以私有财产的扬弃即**共产主义**为中介的积极的现实一样。共产主义是作为否定的否定的肯定,因此,它是人的解放和复原的一个**现实的**、对下一段历史发展来说是必然的环节。**共产主义**是最近将来的必然的形式和有效的原则。但是,共产主义本身并不是人的发展的目标,并不是人的社会的形式。——

选自《马克思恩格斯全集》第3卷,人民出版社2002年版,
第266—278、294—311页。

后　记

本书是在笔者为中央党校主体班次和研究生班次讲授的《1844年经济学哲学手稿》导读课的授课笔记和讲稿的基础上整理、扩充成型的一部著作。2014年，本书曾作为马克思主义经典著作导读系列之一由中共中央党校出版社出版；2018年，曾作为"中央党校思想库·研读经典系列"之一由中共中央党校出版社再版。出版之后，受到了读者的鼓励和支持。转眼数年过去了，应中共中央党校出版社邀请，现在呈现在大家面前的这本书，就是在原有书稿的基础上进一步补充、修订、完善而成的。

对于笔者来说，马克思的《1844年经济学哲学手稿》有着特殊重要的意义：2004年至2010年，笔者在北京师范大学攻读马克思主义哲学专业硕士、博士期间，《1844年经济学哲学手稿》就是导师开出的必读书目，也是笔者重点阅读、反复精读的一本经典著作。从一定意义上讲，笔者的学术研究正是从研读《1844年经济学哲学手稿》开始的。毕业后，来到中央党校马克思主义理论教研部工作，正式成为一名党校教师。中央党校倡导"研究式教学"，对此个人的理解就是：教师应该"研究自己教的，教自己研究的"。机缘巧合，《1844年经济学哲学手稿》又成为笔者在课堂上为研究生和领导干部主讲的一部经典著作，从这个意义上讲，笔者在中央党校的教学生涯也是从讲授《1844年经济学哲学手稿》开始的。2013年初，笔者所主讲的《〈1844年经济学哲学手稿〉与人的解放》荣获全国党校系统第二届精品课，笔者深知自己离"精品"的标准还有距离，而且距离还不小，因此，笔者把这看作对自己的一种鼓励与肯定。

《〈1844年经济学哲学手稿〉导读》再次付梓出版，可以说了却了笔者长久以来的一个愿望。在这里，笔者要对中央党校的许多前辈和同仁的关心和支持表示感谢，特别要向哲学部的张绪文老师表达由衷的谢意。在为中央党校主体班讲授《1844年经济学哲学手稿》之前，笔者曾有幸得到张绪文老师的亲自指点。张老师是中央党校教学一线的"一杆旗"，虽然已过古稀之年，但是当她接到笔者的约请之后，不仅爽快地答应而且毫无保留地对笔者给予了悉心指点，让笔者很受鼓舞和感动。在她身上，笔者看到了中央党校名师的尊严和风范。此外，还要感谢那些已经在《1844年经济学哲学手稿》研究方面作出贡献的国内外的许多学者，笔者在本书的写作过程中也参考了他们的研究成果。

实际上，但凡读过马克思《1844年经济学哲学手稿》的人，最初都会有这样一种共同的感受：难读！在马克思浩如烟海的文献之中，《手稿》的确算是一本比较"难读"的书了，因此，一般人都会望而生畏，有的半途而废，有的甚至干脆不去触碰它。可见，阅读这样一本书是需要耐心、决心和信心的。而只有那些硬着头皮去读且毫不气馁地坚持下来的人，才会领略到这本书的独特景观和魅力所在！随着阅读的深入和阅历的增加，笔者越来越深刻地感受到："难读"并不等于"难懂"，当我们带着自己的生活体验去阅读《1844年经济学哲学手稿》时，原本觉得枯燥乏味的文字就会立刻

后　记

变得鲜活起来，因为这些看似晦涩难懂的概念和术语实质上不过是现实生活的一种凝结罢了。

淡泊以明志，宁静以致远。阅读经典是一个静心沉思的过程，需要保有一颗安静之心。马克思曾说，"只有从安静中才能产生出伟大壮丽的事业，安静是唯一能生长出成熟果实的土壤"。事实上，在学问人生的道路上同样需要保有一颗安静之心，因为我们一直都"在路上"！

2024年，是马克思写作《手稿》180周年，谨以此书的出版作为纪念！

王虎学
2023年9月于大有庄